Bernhard Moestl

Das Shaolin-Prinzip

Bernhard Moestl

Das Shaolin-Prinzip

Tue nur,
was du selbst entschieden hast

KNAUR

Besuchen Sie uns im Internet:
www.knaur.de

© 2012 Knaur Verlag
Ein Unternehmen der Droemerschen Verlagsanstalt
Th. Knaur Nachf. GmbH & Co. KG, München
Alle Rechte vorbehalten. Das Werk darf – auch teilweise – nur mit
Genehmigung des Verlags wiedergegeben werden.
Satz: Adobe InDesign im Verlag
Druck und Bindung: C. H. Beck, Nördlingen
Printed in Germany
ISBN 978-3-426-65513-9

5 4 3 2

Für Alexander,
der mich gelehrt hat, immer besser zu werden

Inhalt

Ein altes Sprichwort lautet:
»Denke scharf nach und
entscheide innerhalb von
sieben Atemzügen.«

(aus dem Hagakure)

Einleitung

Ein verwirrter Geist führt zu keiner klaren
Entscheidung. Ein Mann ohne nagende Zweifel,
von frischem und hohem Geist, kann innerhalb von
sieben Atemzügen zu einer Entscheidung kommen.
Geistesgegenwärtig muss man entschlossen eine
Entscheidung treffen.

(aus dem Hagakure)

Wie dieses Buch funktioniert
und Sie daraus den größten Nutzen ziehen

Herzlich willkommen. Schön, dass Sie da sind. Schön auch, dass Sie in die Welt von Shaolin reisen möchten, um mit mir über das Thema »Entscheiden« nachzudenken. Schließlich stehen die Mönche dieses chinesischen Klosters wie nur wenige andere Menschen für die Fähigkeit, in Sekundenschnelle die richtigen Entscheidungen zu treffen – was nicht weiter verwunderlich ist, da man sich dort seit über 1500 Jahren mit dem Phänomen des Kampfes beschäftigt. Schließlich bedeutete eine einzige falsche Entscheidung für einen Kämpfer im schlimmsten Fall den Tod. Das eigentliche Ziel der Shaolin-Mönche war allerdings nie der Kampf, sondern vielmehr suchten sie, mittels der richtigen Entscheidungen den Kampf zu vermeiden. Weiß man dies, wird erst recht deutlich, was es von ihnen zu lernen gilt.
Auch das Wort »ent-scheiden« selbst hat vermutlich seine

Wurzeln im Bereich des Kampfes. Wer das Schwert aus der Scheide zog, zeigte dem Gegner, dass er zum Kampf entschlossen war, und forderte ihn mit dieser Geste auf, die Herausforderung anzunehmen.

Mögen sich die Zeiten geändert haben und mag der Kampf auf eine andere Ebene verlagert worden sein: Entscheidungen verändern auch heute noch unser Leben. Und häufig fällen wir sie gerade aus diesem Grund.

Warum aber fällt es uns dann oft schon schwer, eine eigentlich kleine Entscheidung zu treffen?

Nun, ob Sie beim Lotto einmal sechs richtige Zahlen ankreuzen oder Ihr gesamtes Geld auf eine Bank tragen, die nachher pleitegeht: In beiden Fällen haben vermeintlich kleine Entscheidungen erstaunlich große Auswirkungen. Ich denke, dass es genau diese scheinbar unkontrollierbare Kraft ist, die so vielen Menschen Angst vor einer Entscheidung macht. Dann suchen sie Zuflucht bei der beliebten »Kopf-in-den-Sand«-Taktik und zögern die nötigen Entschlüsse so lange hinaus, bis die Sache vermeintlich ausgesessen ist – eine Haltung, die nur Nachteile bringt, wie Sie im Verlauf des Buches sehen werden.

Dass wir uns schwertun, liegt aber auch daran, dass die meisten von uns gar nicht gelernt haben, Entscheidungen zu treffen. Ob Lehrer, Chef oder der ominöse Gesetzgeber, es war und ist fast immer jemand da, der entweder unsere Wahlmöglichkeiten einschränkt oder uns die Entscheidung gleich ganz abnimmt. Wen interessiert es da noch, dass am Ende wir alleine die Verantwortung für unser Handeln tragen?

Immer öfter müssen wir überhaupt keine Entscheidung mehr treffen, sondern nur noch aus vorgegebenen Optionen wählen. Internetsuchmaschinen filtern und zensieren für uns, doch das vergessen wir gerne. Was diese nicht finden, existiert dann aber eben einfach nicht. Das war sowieso unwichtig für mich, reden wir uns heraus. Wer denkt heute noch selber, frage ich Sie? Statt Entscheidungen treffen wir nur eine Wahl. Und dieses bequeme Verhalten nutzt allein jenen, die bereit sind zu handeln und zu entscheiden. Diese Menschen bestimmen auch über Ihr Denken und damit über Ihr Leben, weil Sie selbst ihnen die Macht dazu geben. Sie schütteln den Kopf? Bedenken Sie einmal, welchen Unterschied es macht, ob etwas erlaubt ist oder nicht. Einen großen, oder? Die freie Wahl zu handeln, wie Sie möchten, haben Sie da nicht mehr, schließlich hat bereits ein anderer die Möglichkeiten eingeschränkt und eine erste Vorentscheidung für Sie getroffen. Warum aber überlassen Sie so etwas Wichtiges fremden Menschen? Ganz offensichtlich verfügen wir doch alle über die unglaublich wertvolle Fähigkeit, auch ohne fremde Hilfe gute und richtige Entscheidungen zu treffen. Andernfalls hätten wir Menschen es in einer so feindseligen Umwelt wohl nicht bis in die heutige Zeit geschafft.

Dass wir über eine Fähigkeit verfügen,
heißt aber noch lange nicht, dass wir diese auch nutzen.

Auch Ihre Entscheidungsfreude will – wie so vieles andere auch – gepflegt und trainiert sein. Zuerst aber sollten Sie verstehen, worin eigentlich das Wesen der Entscheidung besteht. Machen Sie sich die Abläufe einmal bewusst, die

sich bei jeder Entscheidung in Ihrem Kopf abspielen. Kennen Sie die einzelnen Schritte? Meist sind sie so weit automatisiert, dass wir sie gar nicht wahrnehmen. Was aber taugt als Grundlage für eine gute Entscheidung? Wann und wo versucht jemand anders, Ihnen eine Entscheidung »unterzuschieben«? Es ist wichtig und wertvoll, sich genau das einmal zu fragen. Doch auch dazu müssen Sie sich ganz bewusst entscheiden.

Eine Entscheidung alleine, sei sie auch noch so sorgfältig abgewogen und mit äußerster Achtsamkeit getroffen, bewirkt aber noch keine Veränderung. Vielmehr verlangt Ihnen jede Entscheidung die Bereitschaft ab, den eingeschlagenen Weg auch zu beschreiten. Im 14. Jahrhundert beschrieb der japanische Bogenschütze Yoshida Kenko einen Mann, der das Bogenschießen erlernte. Dieser Mann stellte sich mit zwei Pfeilen vor der Zielscheibe auf. Doch sein Lehrer rügte ihn: »Anfänger dürfen nie über zwei Pfeile auf einmal verfügen; sie verlassen sich sonst auf den zweiten und gehen sorglos mit dem ersten um. Sie sollten lieber davon überzeugt sein, dass die ganze Entscheidung von dem einen Pfeil abhängt, den sie gerade aufgelegt haben.« Mit anderen Worten:

Entscheiden hat nichts mit Ausprobieren zu tun.

Und genau das möchte ich Ihnen bewusstmachen.

Immer wieder werde ich gefragt, ob nicht jeder Mensch ein Individuum sei und ob man überhaupt von einem auf die anderen schließen könne. Darf man verallgemeinern? Natürlich ist jeder Mensch ein Einzelwesen. Aber in seinen Entscheidungen ist er weitgehend berechenbar. Andernfalls gäbe es keine Werbung, keine vorprogrammierten

Bestseller und auch keine Diktaturen. Ist es nicht vielmehr so, dass ein jeder von uns meist nur denkt, er könne frei entscheiden? Wer macht sich schon die Mühe, die Gründe für einen Entschluss zu hinterfragen?

Ein ganz einfaches Beispiel: Wenn Sie einem lieben Freund einen Wein mitbringen wollen und beim Händler drei Flaschen sehen, die um 13, 19 und 28 Euro kosten. Für welche entscheiden Sie sich? Sollte es zufällig der Wein im mittleren Preissegment sein, dann wissen Sie jetzt, warum es in jedem besseren Lokal immer einige Vorspeisen gibt, die teurer sind als die meisten Hauptgerichte. Menschen lieben nun einmal das Gefühl, frei wählen zu können. Wer die Wahl hat, hat aber auch die Qual. Und darum geht es mir in diesem Buch: Ich möchte Ihnen einen Weg zeigen, gute Entscheidungen zu treffen, ohne dass Sie sich damit quälen.

Aufbau des Buchs

Das vorliegende Buch ist in sieben eigenständige Kapitel gegliedert, die jeweils einen der sieben Atemzüge symbolisieren, innerhalb derer man nach Ansicht der Samurai zu einer Entscheidung gelangen sollte. Der Weg der Samurai, wie er im Ehrenkodex Hagakure festgelegt ist, verdeutlicht, worauf es auch den Mönchen in Shaolin immer angekommen ist:

Treffen Sie Ihre Entscheidung in wenigen Momenten.

Mehr Zeit braucht man nicht? Nein. Stellen Sie Vorüberlegungen an, wägen Sie alle ab. Aber lassen Sie sich, wenn der Zeitpunkt der Entscheidung gekommen ist, nicht von

ihr blockieren. Beenden Sie diesen Prozess innerhalb von sieben Atemzügen. Zugegeben: Ich habe die Überschriften der Kapitel ganz bewusst plakativ formuliert.

Verstehen Sie die Überschriften aber nicht als Regeln, sondern vielmehr als Anregung, sich mit Ihrer ganz persönlichen Entscheidungsfindung auseinanderzusetzen.

Im Laufe des Buchs werde ich Sie immer wieder auffordern, sich vor dem Weiterlesen Zeit für die Beantwortung einiger Fragen zu nehmen. Bitte tun Sie das an der entsprechenden Stelle. Sie bringen sich andernfalls um den einen oder anderen Überraschungseffekt und um die Möglichkeit, Ihr eigenes Entscheidungsverhalten wertungsfrei gespiegelt zu bekommen. Beantworten Sie die Fragen und auch die Übungen am Ende jedes Kapitels daher bitte ehrlich. Weder ich noch irgendwer anders wird jemals Ihre Antworten erfahren. Sie können Ihre Antworten auch gerne in einem kleinen Büchlein notieren. So können Sie später sehen, wie die Auseinandersetzung mit dem Thema »Entscheidungen« Ihren Zugang und Ihre Denkweise verändert.

Konkrete Beispiele werden Ihnen helfen, die wichtigsten Sachverhalte zu verstehen. Vielleicht bemerken Sie, dass ich mich zuweilen bewusst für recht dramatische Fälle entschieden habe, doch es ist mir wichtig, Ihnen die gesamte Tragweite einer Entscheidung vor Augen zu führen. Alles hat sich genau so ereignet, wie ich es beschrieben habe, und es könnte sich in der nächsten Stunde auch so wiederholen.

Wer gute Entscheidungen treffen möchte, muss bereit sein, alle möglichen Folgen in Betracht zu ziehen, und sollte dabei nicht jene ausblenden, die ihm gerade nicht gefallen.

Bleibt mir noch, Sie bereits an dieser Stelle auf einen wichtigen Umstand aufmerksam zu machen: Sie selbst sollten Ihr eigenes Leben nach Ihren Vorstellungen gestalten. Doch Sie sind nicht alleine auf dieser Welt. Und jede Entscheidung wird Folgen haben und Ihnen vielleicht sogar weitere Entscheidungen abnötigen. Und wer eine Entscheidung trifft, trägt auch die Verantwortung für diese. Gehen Sie daher bitte sorgsam mit den Werkzeugen um, die ich Ihnen in der Folge an die Hand gebe.

»Der Weg zum Ziel«, so schreibt Dante Alighieri, »beginnt an dem Tag, an dem du die hundertprozentige Verantwortung für dein Tun übernimmst.« Darauf möchte ich Sie gerne vorbereiten. Sieben Atemzüge lang wird unsere Reise dauern. Sie wird zu vermeintlich bekannten Orten führen, an denen Sie – vielleicht mit Erstaunen – viel Neues entdecken werden. Ich freue mich auf diese gemeinsame Zeit. Lassen Sie uns gehen.

Zufall ist ein Wort ohne Sinn.
Nichts kann ohne Ursache
existieren.

(Voltaire)

1. Entscheide bewusst

Den Hieb, gleich welcher Art, führt man mit voller Entschlossenheit und in der Absicht, zu einer Entscheidung zu kommen. Der Streich hingegen ist nur wie ein zufälliges Treffen des Gegners.

(Miyamoto Musashi)

Lerne, allen notwendigen Entscheidungen mit der gleichen Achtsamkeit zu begegnen

Eigentlich, so könnte man meinen, kann Entscheiden doch gar nicht so schwierig sein.

Schließlich tun wir es jeden Tag zigtausendmal, und zwar ganz selbstverständlich und ohne großes Nachdenken. Vielmehr noch erscheinen uns die meisten Entscheidungen, die wir im Laufe eines Tages fällen, sogar als so unbedeutend, dass wir sie treffen, umsetzen und schon vergessen haben, bevor sie überhaupt in unser Bewusstsein gelangen konnten. So wissen Sie zum Beispiel mit ziemlicher Sicherheit nicht mehr, warum Sie heute früh mit welchem Fuß zuerst aufgestanden sind, oder? Genauso wenig ist Ihnen wahrscheinlich klar, weshalb Sie genau zu welchem Zeitpunkt das Zähneputzen beendet haben oder wann genau Sie beschlossen haben, dieses Buch so in der Hand zu halten, wie Sie es gerade tun. Oder warum Sie auf die letzte Provokation eingestiegen sind, aus der dann völlig unnötig eine richtig unangenehme Auseinandersetzung geworden

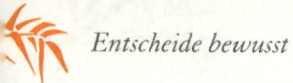

ist. Entschieden aber haben Sie das alles. Wenn auch mit großer Wahrscheinlichkeit nicht bewusst.

In Shaolin erzählt man sich, dass ein Mönch nach zehn Jahren Lehrzeit den Rang eines Zen-Lehrers erreichte. An einem regnerischen Tag ging er einen berühmten Zen-Meister besuchen. Als er eintrat, begrüßte ihn der Meister mit folgender Frage: »Hast du deine Holzschuhe und den Schirm auf der Veranda stehen gelassen?« »Ja, Meister«, antwortete der Mönch. »Dann sage mir«, fuhr der Meister fort, »hast du den Schirm links oder rechts von deinen Schuhen abgestellt?« Der Mönch wusste die Antwort nicht und erkannte, dass er noch nicht das wahre Bewusstsein für wirklich jeden Augenblick erreicht hatte. Er wurde ein Schüler des Meisters und studierte noch weitere zehn Jahre bei ihm.

So geht es aber Tag für Tag.

Wir fällen Entscheidung um Entscheidung, aber unser Bewusstsein erfährt nichts davon, und folglich finden wir keine dieser Entscheidungen auch nur im mindesten schwierig.

Warum auch? Schließlich haben diese unbewusst getroffenen Entscheidungen vermeintlich keine weltbewegenden Konsequenzen. Zumindest erkennen wir selbst die schlimmsten Auswirkungen unbewusster Entscheidungen nur in den allerseltensten Fällen als das, was sie sind, nämlich eine Folge unserer ursprünglichen Entscheidung. Meistens sind »die anderen« schuld, hat es »das Schicksal« nicht gut mit uns gemeint, oder es sind unvorhersehbare Umstände eingetreten. Nennen Sie es, wie Sie wollen. Die Hauptsache ist doch, Sie haben sich ursprünglich richtig entschieden. Oft heißt es dann, jemand wäre leider zur falschen Zeit am falschen Ort gewesen. Was zwar durchaus so sein mag, aber nichts daran ändert, dass dieser Jemand ganz alleine entschieden hat, genau zu diesem Zeitpunkt an ebendiesem Ort zu sein.

Natürlich ist diese weitverbreitete Denkweise bequem. Wir sagen uns einfach: Wofür wir nichts können, dafür sind wir auch nicht verantwortlich. Wir haben bestmöglich entschieden, und was nicht sein soll, das soll eben nicht sein. Wer aber so denkt, nimmt sich eine riesige Chance: die Möglichkeit, zu erkennen, welche Tragweite eine Entscheidung tatsächlich hat.

Stellen Sie sich jetzt einen Kämpfer vor, der so denkt. Der Glaube, immer richtig zu entscheiden, würde ihm ein falsches Gefühl der Sicherheit vermitteln, das ihn wohl sehr bald in Lebensgefahr brächte. Sie sind kein Krieger, ich weiß. Aber selbst erfolgreiche Skirennläufer analysieren nach jedem Lauf ihre Fahrt und versuchen festzustellen, wo genau sie die entscheidenden Hundertstelsekunden verloren haben könnten. Zwar weniger, um es das nächste Mal besser zu machen. Die Situation wird wohl nie wieder die gleiche sein. Aber weil es ihnen hilft, ihre Entscheidungsfähigkeit zu überprüfen und zu verbessern.

Auch wenn es uns so scheinen mag, ist die Tatsache, dass wir Entscheidungen treffen können, aber auch müssen, um den Verlauf der Dinge zu beeinflussen, nicht selbstverständlich. Ich denke, man hätte das Ganze durchaus geradliniger gestalten können. Tatsächlich gehen ja noch heute die Anhänger mancher Glaubensrichtungen davon aus, dass es so etwas wie ein unbeeinflussbares Schicksal gibt. Alles, so meinen sie, passiert, weil es eben so passieren muss.

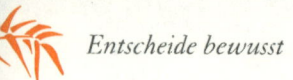

Ungeachtet dessen, wie wir uns entscheiden. Es mag sein, dass jene, die diese Ansicht vertreten, sogar recht haben. Aber dann wären unsere Überlegungen an dieser Stelle zu Ende. Lassen Sie uns also weiterdenken.

Für mich sind Entscheidungen eines der mächtigsten Werkzeuge der Natur.

Die Natur sehe ich als ein großes Selbstlernsystem, das ständig auf Suche nach Verbesserung und Perfektion ist. Hier sind möglichst tödliche Entscheidungen nun einmal das ideale Mittel, um zu trennen, was sich bewährt und was nicht. Das erklärt ganz nebenbei auch die sonst vermeintlich nutzlose Emotion der Aggression. Schließlich führt gerade diese oft zu einem Kampf, aus dem üblicherweise ein Teilnehmer als Sieger und ein anderer als Verlierer hervorgeht. In der Tierwelt wird so der Posten des »Herdenchefs« erobert oder ein höherer Rang in der Hierarchie – und, damit verbunden, die Möglichkeit, die eigenen Gene weiterzugeben. Es vermehrt sich also nur, wer sich im Kampf bewährt. Der Verlierer hingegen, so die einfache Logik, scheidet aus. In der Praxis sieht das dann so aus, dass zwei Tiere, die sich nie zuvor begegnet sind, plötzlich mit tödlicher Aggression aufeinander losgehen und einen Kampf auf Leben und Tod führen. Ist die Entscheidung aber einmal herbeigeführt, geht der Sieger vom Platz, als sei nichts gewesen. Ohne Hass, ohne Zorn, ohne eine Emotion. Bereit für den nächsten Kampf.

Wir sind aber keine Tiere, mögen Sie jetzt denken. Mag sein. Nichtsdestotrotz verhalten wir uns wie solche. Und zwar genau so, wie die Natur es vorgesehen hat. Oder sollen wir es wirklich auf uns sitzen lassen, dass der Typ da drüben gerade über die Farbe unseres neuen Autos lästert? Ich meine, was ist mit ihm? Soll er sich doch erst einmal selbst so ein Auto leisten können! Und los geht es. Obwohl es das eigentlich gar nicht müsste.

Wir haben nämlich durchaus die Möglichkeit, uns bewusst für oder gegen einen Kampf zu entscheiden. Wir müssen also nur dann handeln, wenn tatsächlich Handlungsbedarf besteht. Und nicht, weil Zorn, Hass oder Angst es uns einreden wollen.

Niemand, außer uns selbst, kann uns zwingen, sehenden Auges in den Untergang zu gehen oder uns auf einen aussichtslosen Kampf einzulassen.

Die Fähigkeit, diesen Unterschied zu erkennen, ist uns zwar angeboren, doch bei vielen Menschen verschüttet und muss daher trainiert werden.

Viel zu selten machen wir uns klar, dass wir gleichsam automatisch in einen Kampf hineingezogen werden, solange wir nicht bereit sind, uns bewusst dagegen zu entscheiden.

Wohl an wenigen Orten der Welt war und ist man so sehr auf diese Erkenntnis angewiesen wie in Shaolin. Hier lebten in den besten Zeiten über 1500 Menschen auf engstem Raum zusammen, von denen jeder einzelne das kämpferische Können hatte, innerhalb von Sekunden eine gesamte Zimmerbelegschaft zu töten. Ohne Waffen, mit bloßen Händen. Stellen Sie sich jetzt einmal vor, sie alle hätten sich gezwungen gesehen, auf die kleinste Provokation zu reagieren! Die Mönche hätten sich innerhalb kürzester Zeit selbst ausgerottet und ihr Wissen mit ins Grab genommen.

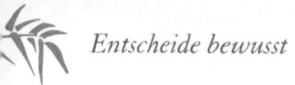

Doch Zorn, so weiß man in Shaolin seit langem, ist immer schädlicher als die Beleidigung, die ihn hervorrief. Und daher entschieden sich die Mönche, wo immer es möglich war, bewusst gegen den Kampf.

So erzählt man sich im Kloster, dass eines Tages zwei Männer über den Wind sprachen. »Oh«, meinte der eine, »der Wind um Mitternacht ist immer so kalt.« – »Sei doch nicht so einfältig!«, warf der andere ein. »Es ist doch vielmehr der Wind der Morgendämmerung, der uns so frieren lässt!« Diese Bemerkungen ließen die beiden in einen heftigen Streit darüber geraten, welcher Wind der kältere sei. Da sie zu keiner Einigung kamen, entschlossen sie sich, einen Mönch zu fragen, der gerade des Weges kam. »Wenn dir dein Leben etwas wert ist«, sagte der eine mit grimmiger Miene, »dann sage uns, was kälter ist: der Wind um Mitternacht oder der Wind, der am Morgen bläst?« – »Ihr habt beide unrecht«, antwortete der Mönch, »denn beide Winde sind gleich kalt.« Die beiden begannen, sehr finster zu schauen, und drohten dem Mönch mit der Faust. Da sagte dieser: »Ihr habt beide recht. Denn beide Winde sind gleich kalt.« Daraufhin lächelten die beiden Männer, rühmten ihn als weisen Richter, gaben ihm zwei große Töpfe voll Gold und gingen zufrieden ihrer Wege.

Was aber, so werde ich oft gefragt, taten die Mönche, wenn es unmöglich war, einem Kampf aus dem Weg zu gehen, weil der Gegner sich hartnäckig dafür entschieden hatte? Dann lernte dieser das Wort »Entscheidungsfreude« neu kennen. Genau das erlebte der 13-jährige Yoshioka Matashichîro, der sich eines Tages entschloss, den Ronin Miyamoto Musashi zum Kampf herauszufordern. Er war fest entschlossen, Musashi zu töten. Musashi, der schon in jungen Jahren als einer der besten Schwertkämpfer seiner Zeit galt, hatte kurz zuvor den Vater des Jungen mit seinem Holzschwert besiegt, obwohl dieser mit einem echten Schwert bewaffnet gewesen war. In einem unerwarteten, wütenden Angriff hatte Musashi ihn niedergestreckt und dann noch weiter auf den am Boden Liegenden eingeprügelt. So befremdlich uns das heute erscheinen mag, im Japan des ausgehenden 16. Jahrhunderts war das durchaus nicht ungewöhnlich. Vielmehr ermöglichten es diese Kämpfe den Ronin, die als eine Art freiberufliche Kämpfer auf Aufträge fremder Fürsten angewiesen waren, ihre Fähigkeiten zur Schau zu stellen. Am Tag des Kampfes mit dem Knaben traf Musashi lange vor der verabredeten Zeit am Treffpunkt ein und wartete in einem Versteck auf seinen Gegner. Der Knabe kam formell als Samurai gekleidet in seiner Rüstung und wurde von einer Gruppe gutbewaffneter Gefolgsleute begleitet. Musashi verharrte im Schatten verborgen, und als seine Gegner schon glaubten, er habe sich einfach aus dem Staub gemacht und die Stadt verlassen, da tauchte er plötzlich mitten unter ihnen auf und schlug den Jungen nieder. Dann zog er beide Schwerter, bahnte sich einen Weg durch die Gefolgschaft des Knaben und entfloh.

Was auch die Mönche von Shaolin so siegreich machte, war die Tatsache, dass sie niemals drohten. Wann immer sie sich entschlossen hatten, eine Entscheidung herbeizuführen, taten sie das bis zur letzten Konsequenz. Der Ruf, der ihnen vorauseilte, hatte bald so eine bemerkenswerte Überzeugungskraft, dass sie nicht mehr kämpfen mussten.

Auch wenn in unserer Kultur der Schwert- und der Faustkampf gleichsam historisch anmuten, gelten die Regeln bis heute. Sobald Sie nämlich akzeptieren, dass der Zweck

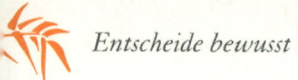
jedes Kampfes letztlich das Herbeiführen einer Entscheidung ist, können Sie viele Kämpfe vermeiden.

Führen Sie entschlossen eine anstehende Entscheidung herbei,
bevor Emotionen Ihren Gegner stark machen.
Dann ist der Kampf beendet, noch ehe er begonnen hat.

Leichte und schwierige Entscheidungen

Warum gibt es Entscheidungen, die uns Tage, Wochen oder sogar Monate lang quälen? Wohin verschwindet in diesen Fällen die sonst empfundene Leichtigkeit? Und warum kauen wir manchmal auf einer längst getroffenen Entscheidung herum? Weshalb versuchen wir uns eigentlich ständig davon zu überzeugen, dass unser Entschluss, wenn schon nicht der einzig richtige, so zumindest der einzig mögliche war? Und vor allem: Woher kommt dieses Zögern? Ich meine, es kommt daher, dass wir gelernt haben, dass es verschiedene Arten von Entscheidungen gibt: einfache und schwierige.

Auf der einen Seite, so denken Sie wahrscheinlich, sind da die beiläufigen, bequemen Entscheidungen, die man ohne großes Nachdenken treffen kann. Zumindest vermeintlich haben sie ohnehin keine weitreichenden Auswirkungen. Und dann sind da die schwierigen Entschlüsse von großer Tragweite. Dass man sich für solche Entscheidungen mehr Zeit nimmt, sollte sich doch wohl von selbst verstehen, oder?

Sie stimmen also sicher mit mir darin überein, dass es bei der Gewichtung einer Entscheidung darauf ankommt, wie groß ihre möglichen Auswirkungen auf Ihr Leben wären.

Je schwerwiegender mögliche Konsequenzen,
so meinen Sie, desto schwieriger und bedenkenswerter
ist die Entscheidung und umgekehrt.

Klingt so weit nachvollziehbar.

Warum aber, so frage ich mich dann, fällen Menschen manche Entscheidung, die am Ende zu einer Frage über Leben und Tod werden kann, so sorglos und unbedacht? Nehmen wir nur als Beispiel diese »Ich-kenne-die-Strecke-und-kann-daher-rasen«-Typen. Sie beziehen in ihre Entscheidung, aufs Gas zu steigen, durchaus ein, dass scharfe Kurven, Schlaglöcher, Baustellen oder sonstige Hindernisse gefährlich werden könnten. Sie sind ihnen bekannt, und daher blenden die Raser diese Gefahrenstellen einfach aus. Was soll denn passieren? Kaum einer zieht wohl tatsächlich die Möglichkeit in Betracht, bei einem Frontalcrash zu sterben, den Rest seines Lebens im Rollstuhl zu verbringen oder zum Mörder zu werden, nur weil ihm ausgerechnet in einer bekannten Kurve ein Fahrzeug entgegengekommen ist.

Dieses Beispiel ist typisch dafür, dass wir vor einer Entscheidung nicht immer alle tatsächlich möglichen Folgen in die Bewertung einbeziehen.

Wir blenden häufig aus, was für uns nicht ausschlaggebend ist.
Das ist ein fataler, leider oft sogar tödlicher Fehler.

Auch wenn sich nicht jedes Unglück verhindern lässt, so können doch in vielen Fällen die Folgen Ihres Handelns durch eine bewusste Entscheidung im Vorfeld abgeschwächt werden. Bestimmt machen Sie keine Reisen in

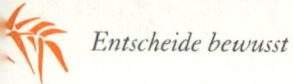

Gebiete, von denen Sie gehört haben, dass dort gerade Krieg herrscht. Das ist auch logisch, schließlich wollen Sie lebend aus dem Urlaub zurückkehren. Aber haben Sie schon jemals darüber nachgedacht, dass die simple Frage, welchen Sitzplatz Sie im Bus oder Zug wählen, im Unglücksfall auch über Ihr Sein oder Nicht-Sein entscheiden kann? Wohl kaum, oder?

Vielleicht verstehen Sie jetzt, was ich mit Entscheidungen meine, deren Konsequenzen Sie sich vorab nicht ausreichend bewusstmachen. In vielen Fällen entscheiden Sie eben nicht aktiv, sondern Sie wählen aus dem Angebot aus, das ihnen eine Situation gerade lässt. So, wie Sie im Zug oder Bus den erstbesten Sitzplatz nehmen, der gerade frei ist. Ich möchte Ihnen mit diesen Überlegungen keine Angst machen. Mir geht es darum, dass Sie ein Gefühl dafür bekommen, welche ungeheure Tragweite auch unbewusst getroffene, weil vermeintlich simple Entscheidungen haben können.

Nun sind es aber eher die vermeintlich großen Entscheidungen, vor denen wir uns in der Regel fürchten. Also solche, die unser Leben verändern könnten.

Im Nachhinein glauben wir nämlich zumeist, eine einzelne Entscheidung für unser Glück oder Unglück verantwortlich machen zu können. Tatsächlich stimmt das so nicht.

Lassen Sie es mich an einem Beispiel zeigen. Ich weiß, dass es etwas dramatisch ist, aber es ist leider wirklich so passiert.

Nehmen wir einmal an, Sie haben eine Reise gebucht. Es ist der Tag des Abflugs, kurz vor Mittag, der Flug geht erst am frühen Abend. Da Sie Ihre Sachen bereits gepackt haben und auch sonst nichts mehr zu tun ist, beschließen Sie, noch zu lesen. Um die Zeit nicht zu verpassen, stellen Sie einen Wecker und legen sich mit einem spannenden Buch auf die Wohnzimmercouch. Punkt drei Uhr erinnert der Wecker Sie lautstark ans Aufstehen. Nach einem kurzen Blick auf die Uhr entschließen Sie sich, noch schnell die letzten sechs Seiten des Kapitels zu Ende zu lesen. Als Sie sich endlich erheben, bemerken Sie, dass es schon viel später ist, als Sie eigentlich gedacht hatten. Eile ist angesagt. Sie schnappen Ihr Gepäck und verlassen das Haus. Doch kaum stehen Sie auf der Straße, überkommen Sie nagende Zweifel: Haben Sie auch die Wohnungstür zugesperrt? Also hinauf und schnell noch einmal nachgesehen. Alles abgeschlossen. Natürlich. Sie laufen zur Haltestelle, sehen aber unterwegs, dass der Bus gerade davonfährt. Die Zeit wird knapp, der nächste kommt erst in einer halben Stunde. Ob Sie wohl mit dem Taxi fahren sollten? Schneller wäre es mit Sicherheit. Andererseits ist es teurer, und mit dem nächsten Bus ginge es auch noch. Aber gut, da kommt gerade ein Taxi. »Zum Flughafen bitte!« Der Taxifahrer fragt noch: »Bundesstraße oder Autobahn?« Entspannt antworten Sie: »Das überlasse ich Ihnen. Sie sind der Profi!« Also nimmt er die Autobahn. Normalerweise ist das auch viel schneller, und da es für Sie langsam eng wird, begrüßen Sie insgeheim die Entscheidung. Nur passiert ausgerechnet an diesem Tag ein Unfall. Keine dreihundert Meter vor Ihnen haben sich fünf Autos ineinander verkeilt, alle Spuren sind gesperrt, ein Durchkommen ist unmöglich. Nervös schauen Sie auf die Uhr. Immer wieder. Als Sie endlich die Abflughalle erreichen, ist der Check-in-Schalter bereits geschlossen. Das

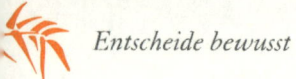

Personal bedauert, Ihnen nicht mehr helfen zu können. Sie überlegen noch, einen Bekannten anzurufen, der in sehr hoher Position am Flughafen tätig ist, verwerfen den Gedanken jedoch: Hat er nicht letzte Woche etwas von Urlaub gesagt? Schweren Herzens entscheiden Sie sich für einen späteren Flug, der in drei Stunden geht. Auf der Aussichtsterrasse genehmigen Sie sich gerade einen Kaffee, als lautes Gebrüll den Raum erfüllt, dann ein ohrenbetäubender Knall: Der Flieger hat kurz nach dem Start Feuer gefangen und ist brennend abgestürzt. Ein Vogel war in eines der Triebwerke geraten, wie Sie später erfahren. Alle 182 Passagiere und die Besatzung sind ums Leben gekommen. Wie viele kleine, unbedeutende Entscheidungen haben Sie in den letzten Stunden getroffen? Aber welche Entscheidung genau war es, die am Ende ausgerechnet Ihnen das Leben gerettet hat? Wenn Sie meinen, den entscheidenden Moment bestimmen zu können: Hätten Sie die betreffende Entscheidung mit dem Wissen um diese Tragweite genauso leicht gefällt?

Dieses Gedankenexperiment ist aber noch in einem weiteren Punkt aufschlussreich.

In derart schrecklichen Situationen machen wir nämlich häufig einen gedanklichen Fehler: den unzulässigen Umkehrschluss.

Wie oft haben Sie schon Sätze gehört wie: Wenn der Überlebende auch nur eine einzige Entscheidung anders getroffen hätte, dann hätte auch er im Flugzeug gesessen! Und dann wäre auch er jetzt mit Sicherheit tot.

Warum aber sollte das so sein? Könnte es nicht genauso gut möglich sein, dass umgekehrt 182 andere Menschen noch am Leben wären? Wie das gehen soll? Wir sind nicht alleine auf dieser Welt. Es ist aber ein weit verbreiteter Denkfehler, bei der Beurteilung der Konsequenzen einer Entscheidung anzunehmen, alle anderen involvierten Personen wären bei ihren ursprünglichen Entscheidungen geblieben – während nur wir uns anders entschieden hätten. So ist aber das Leben nicht.

> *In der Realität zieht jede unserer Entscheidungen weitere Entscheidungen nach sich. Und jede einzelne hängt auch von unserem Handeln ab.*

Um beim Beispiel des Flugzeugunglücks zu bleiben: Nehmen wir einmal an, Sie hätten den Flughafen rechtzeitig erreicht und den Flieger nicht versäumt. Vielleicht hätten Sie sich dann vor dem Einsteigen noch eine Zeitung gegriffen, vielleicht hätten Sie der Flugbegleiterin ein Kompliment gemacht, oder vielleicht hätten Sie neugierig durch die offene Cockpittür geschaut. Der Einsteigevorgang hätte sich in der Folge verlängert, wenn auch nur um ein paar Sekunden. Dadurch hätte sich auch der Start entsprechend verzögert. Sehr wahrscheinlich wäre aber dann der Vogel, der letztlich den fatalen Triebwerksschaden verursacht hat, schon einige Meter vom Flugzeug entfernt gewesen, und es wäre überhaupt nichts passiert.

Aus dem gleichen Grund ist es auch für Meteorologen so schwierig, die Entwicklung des Wetters korrekt vorherzusagen. Wetter ist schließlich das Ergebnis von Millionen kleiner Entscheidungen. Wie ein befreundeter Meteorologe mir einmal erklärt hat, lädt sich Gewitterenergie zum Beispiel so lange auf, bis sie irgendwann zu gewaltig wird und

sich entladen muss. Über den genauen Ort und Zeitpunkt könne aber am Ende die Frage entscheiden, ob jemand am Abend noch einen Sessel auf seinem Balkon umgestellt habe. Sogar der berühmte Flügelschlag eines Schmetterlings kann den Ausschlag geben. Irgendeine vermeintlich kleine Entscheidung ist fast immer der Tropfen, der das Fass zum Überlaufen bringt. Selbst die Entscheidungskette im Vorfeld eines Weltkriegs hat einen einzigen winzigen Auslöser. Verstehen Sie jetzt, warum ich meine, dass es keine kleinen und großen Entscheidungen gibt, sondern wir vielmehr jedem Entschluss unsere ganze Aufmerksamkeit widmen sollten?

Tatsächlich aber können Entscheidungen noch viel mehr. Sie schaffen Chancen und Möglichkeiten, und das halte ich für ihre wichtigste Aufgabe. Denn verliefe unser Leben geradlinig, so wäre bereits zum Zeitpunkt der Geburt eines Menschen klar, wo und wie sein Leben endete. Es wäre wie bei einer Autobahn ohne Ausfahrten, die man einfach vom Anfang bis zum Ende befährt. Wohl dem, der auf einer Strecke startet, die am Ende zum Glück führt.

Doch auch wenn viele Menschen an dieser Vorstellung festhalten, gibt es keinerlei Beleg dafür, dass es sich tatsächlich so verhält. Schließlich beinhaltet jede Entscheidung auch die Möglichkeit der Veränderung. Sie schafft gleichsam eine neue Ausfahrt auf der Autobahn unseres Lebens. Denken Sie nur an die Lotterie. Wer sich hier für die sechs Richtigen entscheidet, dessen Leben erfährt in jedem Fall eine Wendung. Und so ist es mit allem. Ob Börsenhändler, Firmenchefs oder Diktatoren: Menschen, die jahrelang »ganz oben« waren, können in kürzester Zeit ganz nach

»unten« fallen, nur weil sie eine falsche Entscheidung getroffen haben. An ihre Stelle treten jene, die sich richtig entschieden haben.

Selbst der größte Erfolg ist nicht das Ergebnis angeborener Talente oder ererbter Reichtümer. Er ist einzig die Summe richtiger und guter Entscheidungen.

Andernfalls dürfte nämlich kein Reicher jemals auf der Straße landen und kein arm Geborener die soziale Leiter hochsteigen. Schon der chinesische Philosoph Lü Buwei hat gesagt: »Die Möglichkeit des Sieges darf man nicht bei anderen suchen, sondern muss sie in sich selber finden.« Und so bekommen wir mit jeder neuen Entscheidung, zu der wir uns gezwungen sehen, gleichzeitig auch die Möglichkeit, erneut Stellung zu beziehen, unsere Stoßrichtung zu überdenken und neue Wege zu gehen.

Denn wenn wir nie die Richtung ändern, so sagt man in Shaolin, steht von vornherein fest, wo unser Weg enden wird.

Alles, was in Ihrem Leben passiert, ist eine Folge von Entscheidungen und letztendlich deren Konsequenz. »Es gibt«, so hat schon Voltaire gesagt, »keine Wirkung ohne Ursache.« Auch ein Weltkrieg ist das Ergebnis millionenfacher, individueller Entscheidungen zu bedingungslosem Gehorsam, und selbst die schlimmsten Naturkatastrophen haben eine Vorgeschichte. Sie entwickeln sich nicht von einer Sekunde auf die andere.

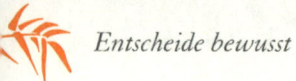
Entscheidungen aufteilen

Es hat sich nun aber in den Köpfen der Menschen die Idee festgesetzt, Entscheidungen verschieden zu bewerten. Die vermeintlich leichten Entscheidungen treffen Sie bestimmt sehr schnell. Eine schwierige Entscheidung aber vermeinen Sie hinauszögern und damit verschieben zu können. Doch das ist eigentlich gar nicht möglich: Wie sollte man denn eine Entscheidung verzögern können, ohne sie dabei zu verändern? Vergessen Sie nicht: Sie sind nicht alleine. Das Umfeld, die Bedingungen, die gesamte Situation, alles verändert sich schließlich, während Sie noch zögern.

Stellen Sie sich die Situation eines Kampfs vor, in dem Sie und ein Gegner sich gegenüberstehen. Und nehmen wir einmal an, es dauere genau einen Atemzug, eine Entscheidung zu treffen. Dann hätte dieser Entschluss auch nur genau so lange Gültigkeit. Denn Ihr potentieller Gegner würde auch diesen einen Atemzug brauchen, um seine Entscheidung zu treffen. Sie und Ihr Kontrahent wären also beide für die gleiche Zeitdauer gelähmt. In jedem Atemzug aber, den Sie ohne neuerliche Entscheidung verstreichen ließen, gehörte das Feld Ihrem Gegner – und Ihr Schicksal läge damit in seinen Händen.

Das Gegenteil von Entscheiden ist nicht Nicht-Entscheiden, sondern es ist, entschieden zu werden.

Und jetzt stellen Sie sich bitte einmal zwei Kämpfer vor, die einander zu einem Duell gegenüberstehen. Der eine ist noch unentschlossen. Er würde die Entscheidung sehr gerne noch hinauszögern. Was meinen Sie, was passieren wird? Ich denke, sein Gegner wird ihm die Möglichkeit zur Entscheidung aus der Hand nehmen und ihn einfach töten. Damit Sie mich jetzt nicht falsch verstehen:

Entscheiden heißt nicht automatisch zu handeln.
Man kann sich auch bewusst für das Nicht-Handeln entscheiden.

Es macht aber einen gewaltigen Unterschied, ob ich mich entschließe, in dieser Sekunde auf einen Angriff zu verzichten, oder ob mein Angriff ausbleibt, weil ich einfach zu keinem Entschluss gekommen bin! So verlockend also die Idee erscheinen mag, Entscheidungen einfach auszusitzen und auf bessere Zeiten zu warten: Es gibt zwei sehr gute Gründe, sich schnellstmöglich wieder von diesem Gedanken zu verabschieden. Zum einen können die Konsequenzen eines jetzt durchdachten Entschlusses bereits Sekundenbruchteile später genau gegenteilige Folgen haben. Wie gesagt, auch die anderen Entscheider sind nicht untätig, die Erde dreht sich unerbittlich weiter. Bedenken Sie aber auch den noch weitaus größeren Nachteil:

Nicht-Entscheiden macht handlungsunfähig
und dadurch besonders verwundbar.

Es ist, als lägen Sie morgens im Bett und stellten alle zehn Minuten mit schlechtem Gewissen den Wecker weitere zehn Minuten vor. An Schlaf wäre nicht zu denken. Nach einer Stunde bemerken Sie, dass die Zeit eigentlich völlig sinnlos verstrichen ist: Hätten Sie sich nicht besser gleich zu Anfang bewusst dafür entschieden, noch eine Stunde im Bett zu bleiben, statt Minute um Minute zu opfern?

37

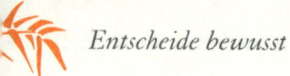

*Eine wirksame Technik gegen ständiges Aufschieben
ist das bewusste Treffen zeitlich begrenzter
Zwischen-Entscheidungen.*

Da alles besser ist als das lähmende Nicht-Entscheiden, fassen Sie doch einen schwierigen Entschluss einfach erst einmal für eine bestimmte Zeit. Denken Sie: »Gut, bis heute Abend mache ich es definitiv nicht. Ich bin bereit, mit den Konsequenzen zu leben, und weiß, dass auch mein Gegner nicht schläft, aber ich habe jetzt ganz bewusst die Entscheidung getroffen, abzuwarten.« Dann haben Sie die Sache für eine Zeit aus dem Kopf.

Ein gutes Beispiel dafür, wie man einen Entscheidungsprozess bewusst abschließt, um nicht handlungsunfähig zu werden, zeigt uns der Staat. Vor allem im Bereich der Justiz werden häufig Urteile nicht etwa auf Basis von Tatsachen getroffen. Vielmehr werden einfache Annahmen oder durchaus auch falsche Behauptungen nach Ablauf einer gesetzten Frist zu Fakten erklärt. Beschuldigt Sie jemand eines Vergehens, so haben Sie eine bestimmte Zeit, gegen diesen Vorwurf Einspruch zu erheben. Tun Sie das nicht, werden Sie nach Ablauf der Frist so behandelt, als hätten Sie das entsprechende Vergehen wirklich begangen. Sie sind schuldig, ungeachtet der Frage, was tatsächlich gewesen ist. Auch wenn ich persönlich diese Rechtspraxis für absolut unzulässig halte, weil die Frage von Schuld oder Unschuld nicht von irgendwelchen Fristen abhängen darf, ist sie doch sehr effektiv und verhindert eine Lähmung der Justiz durch Entscheidungsprozesse, die zu keinem Abschluss kommen.

Zurück zu den scheinbar einfachen Entscheidungen: Oft

führen wir eine Handlung aus, bevor uns überhaupt klar ist, dass wir uns für sie entschieden haben.

Jede Entscheidung ist unbewusst, wenn ihr kein Nachdenken vorausgeht.

In diesen Fällen handeln wir nach vorhersagbaren, vor langer Zeit festgelegten Mustern, die wir nie wieder hinterfragt haben. Ein starkes Beispiel ist eine Entscheidung aus dem Affekt heraus, etwa aus Zorn. Solange Ihnen aus einer Provokation kein direkter Schaden entsteht, gäbe es genau genommen keinen Grund zu reagieren. Die meisten Menschen entscheiden sich aber trotzdem dafür und tun das oft so heftig, dass sie es nachher bereuen. Fragt man jemanden später danach, warum er so impulsiv reagiert hat, ist die Antwort häufig: »Ich habe es ja nicht tun wollen. Aber er hat mich doch provoziert!« Die Gedanken des derart Herausgeforderten haben den kürzesten Weg gewählt und mündeten direkt in eine Handlung – ohne Zögern. Eine Reaktion im Affekt also.

Auch Entscheidungen aus Gewohnheit fallen in diese Kategorie vermeintlich leichter Entscheidungen. Offensichtlich finden viele Menschen das Denken dermaßen anstrengend, dass sie es möglichst auf das notwendige Minimum reduzieren. Von diesem Phänomen leben zum Beispiel politische Parteien. Natürlich haben Sie Gründe, Ihr Kreuz an ebenjene Stelle zu setzen, aber Hand aufs Herz: Wie viele der vollmundigen Wahlversprechen hat »Ihre« Partei in den letzten Jahren dann doch nicht umgesetzt? Zu teuer, nicht gegen die Opposition angekommen, warum auch immer. Wenn Sie jetzt entgegnen, dass da die anderen

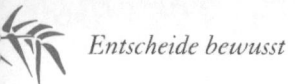

auch nicht besser seien: Haben Sie das überprüft, oder nehmen Sie es an? Wie stehen eigentlich »Ihre« persönlichen Volksvertreter zum Thema sozialer Wohnungsbau? Würden sie das Wasser verteuern oder verbilligen, wenn sie das Sagen hätten? Und als Sie das allererste Mal zur Wahl gegangen sind, was war damals der wirkliche Grund, ausgerechnet diese Partei zu wählen? Sind Sie überhaupt der Meinung, über genügend Informationen zu verfügen, um eine seriöse Wahlentscheidung treffen zu können?

Offensichtlich haben Entscheidungsmuster den Zweck, unser Hirn zu entlasten. Doch das menschliche Gehirn ist erstaunlich bequem, folglich kommen solche Muster viel öfter zum Einsatz, als Sie wahrscheinlich denken.

Nehmen wir als Beispiel bekannte Warennamen, also »Marken«. Was aber ist eigentlich eine Marke? Genau genommen merken wir uns einen Warennamen, wenn wir mit einem Produkt zufrieden sind oder viel Gutes darüber gehört haben. Dann ziehen wir gerne den Schluss, dass ein Unternehmen, das bis jetzt fünf ordentliche Produkte hergestellt hat, uns auch beim nächsten Produkt nicht enttäuschen wird. Doch hier ist häufig der Wunsch der Vater des Gedankens, womit meine Annahme bestätigt wäre, dass wir auch bei Kaufentscheidungen gerne nach vorgefertigten Mustern handeln, die uns das Entscheiden vereinfachen sollen. Markendenken spart Überlegen und Vergleichen.

So harmlos diese eingefahrenen Wege beim Einkauf auch sein mögen, so gefährlich können sie in anderen Bereichen werden. Nehmen Sie nur einmal an, vor Ihnen stehen ein blonder, sorgfältig rasierter Jüngling mit adrett geschnittenem Haar und ein schwarzhaariger, nahöstlich aussehender Mann mit langem Bart. Ganz ehrlich: Vor welchem der beiden nehmen Sie sich eher in Acht? Der Attentäter von Norwegen jedenfalls hatte helles Haar und keinen Bart.

Wer eingefahrenen Gedankengängen folgt,
muss damit rechnen, Fehlentscheidungen zu treffen.
Denn der gewohnte Weg ist nicht immer der beste.

Vermeiden Sie Fehlentscheidungen

Doch es gibt noch eine andere, weitverbreitete Ursache für Fehlentscheidungen. Haben wir das Gefühl, uns bei einer Sache auszukennen, ziehen wir unser Wissen gerne als Entscheidungsgrundlage heran, ohne es noch einmal zu überprüfen. Solange unser vermeintliches Wissen nämlich die Richtung bestärkt, in die wir tendieren, sehen wir meist keine Veranlassung, unsere Wissensgrundlage zu überarbeiten. Tatsächlich aber, und das ist das Schlimme, treffen wir in solchen Fällen häufig Entscheidungen, die auf falschen Annahmen beruhen. »Das Übel derer, die Fehler machen, ist, dass sie etwas nicht wissen und doch denken, sie wissen es«, erkannte Lü Buwei schon vor weit über 2000 Jahren. Das kann Ihnen nicht passieren? Erlauben Sie, dass ich das hinterfrage: Angenommen, Sie überlegen, mit dem Flugzeug zu verreisen. Als vorsichtiger Mensch möchten Sie vorher wissen, wie hoch das Risiko eines Unfalls ist. Ein Bekannter, der bei einer Versicherung arbeitet, erzählt Ihnen, die Wahrscheinlichkeit, bei einem Absturz ums Leben zu kommen, betrüge gerade einmal lächerliche 0,0000004 Prozent. Da wäre es, weiß Gott, viel wahrschein-

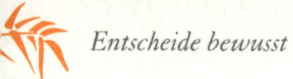

licher, dass Sie die Fahrt zum Flughafen nicht überleben! So viele Nullen: 0,0000004 Prozent. Klingt doch beruhigend, oder? Hätte man sich jedenfalls gefährlicher vorgestellt. Zumindest, wenn man nicht so genau versteht, was diese Zahl eigentlich aussagt. Sieht man nämlich genauer hin, offenbart sich plötzlich Erstaunliches. Und zwar, dass diese geringe Unfallwahrscheinlichkeit nur bedeutet, dass Sie statistisch gesehen 2,5 Millionen Mal fliegen müssten, um mit Sicherheit genau einmal abzustürzen. Was aber nicht bedeutet – obwohl Sie es vielleicht gerne so verstehen würden –, dass ein Unglück nicht schon beim ersten Flug vorkommen kann. Genau das ist nämlich der Trugschluss. Oder haben Sie schon einmal darüber nachgedacht, dass selbst ein Ereignis, das rein statistisch gesehen nur alle 100 000 Jahre einmal vorkommt, in Wirklichkeit auch in einer Minute dreimal hintereinander passieren kann? Nachher ist eben 300 000 Jahre lang Ruhe.

Wie oft verhält es sich so: Wenn laut Wetterbericht die Wahrscheinlichkeit nur zehn Prozent beträgt, dass es am Tag Ihrer großen Radtour zu Unwettern kommt, mag Sie das in Ihrer Entscheidung unterstützen, die Fahrt durchzuführen. Was aber nützt Ihnen das, wenn es dann unterwegs in Strömen regnet? Herzlich wenig.

Lassen Sie sich bitte, auch wenn es verlockend sein mag, nicht von vermeintlichen Fakten blenden.

Die Wahrscheinlichkeit, dass ein Ereignis eintritt, hat Pierre-Simon Laplace erkannt, ist, vereinfacht formuliert, die Anzahl der Möglichkeiten, deren Eintreten wir uns wünschen, im Verhältnis zur Anzahl aller Möglichkeiten, die es gibt. Ihre persönliche Wahrscheinlichkeit kennt also fast immer genau zwei Möglichkeiten: ja oder nein. Entweder Sie kommen heil an, um auf das Beispiel mit dem Fliegen zurückzukommen, oder eben nicht. Auch wenn das eine Konsequenz ist, die Sie wahrscheinlich lieber ausblenden.

Wichtig ist, ausschließlich jene Fakten
in die Entscheidungsfindung mit einzubeziehen,
die tatsächlich Auswirkungen auf Sie haben.

Alles andere mag Sie zwar unter Umständen theoretisch besser aussehen lassen, ist aber in der Praxis gefährlich.
Bisher war sehr viel von falschen, da unbewussten Entscheidungen und ihren möglicherweise bösen Folgen die Rede. Bevor Sie jetzt überlegen, ob man es denn überhaupt richtig machen kann: Natürlich können Sie das.

Wie alles andere auch kann man
Entscheiden lernen und trainieren.

Genau genommen können Sie es schon. Schließlich treffen Sie jeden Tag, meist unbemerkt, unglaublich viele Entscheidungen. Und die meisten sind offensichtlich richtig, schließlich sind Sie noch am Leben. Wenn Sie nun in einem ersten Schritt diese Entschlüsse, die Sie ohnehin treffen, auf eine bewusste Ebene heben, werden Sie mit Erstaunen feststellen, wie leicht es Ihnen eigentlich fällt, etwas zu entscheiden.
Rufen Sie sich doch einmal eine Sache ins Gedächtnis, die sich am Ende als besonders erfolgreich herausgestellt hat.

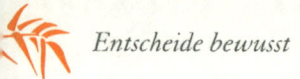

Was hat zu diesem Erfolg geführt? War Ihnen das in der Situation bereits bewusst, in der Sie sich dazu entschlossen haben, genau auf diese Weise zu handeln? Was hat Sie dazu gebracht, die Entscheidungen genau in der Weise zu treffen? Nehmen Sie sich einmal die Zeit, ein Gefühl dafür zu entwickeln, wie gut Sie eigentlich entscheiden können. Denken Sie dabei bitte nicht in den Kategorien »richtig« und »falsch«. Es geht nicht darum, Entscheidungen im Nachhinein zu bewerten. Mir geht es darum, dass Sie verstehen, wie oft Sie schon Entscheidungen getroffen haben – und dass die überwältigende Mehrheit sich im Nachhinein als gut herausgestellt hat.

Ist es nicht erstaunlich, wie selten wir Menschen uns bewusstmachen, warum wir tatsächlich wie handeln? Das macht uns allerdings fast zwangsläufig anfällig für Manipulation. Schließlich hat jemand, der versteht, wie Entscheidungen funktionieren, einen unschätzbaren Vorteil gegenüber jemandem, der es nicht weiß: Er kann auch Ihre Entscheidungen in seinem Sinne gleichsam erzwingen.

Aktion, so weiß jeder Kämpfer, kontrolliert Reaktion.
Und alles, was wir gezwungenermaßen tun,
haben wir nicht unter Kontrolle.

In seinem Buch der fünf Ringe, einem Lehrbuch für den Schwertkampf aus dem 17. Jahrhundert, bringt Miyamoto Musashi die Überlegenheit der bewussten Entscheidung folgendermaßen auf den Punkt:
»Kannst du nicht erkennen, wie der Gegner herauskommen will, brauchst du nur einen plötzlichen Ausfall gegen ihn unternehmen, und er wird dir mit seinem Langschwert

zeigen, welches seine wahren Absichten sind.« Und ein Shaolin-Mönch würde sagen:

Triff eine kontrollierte Entscheidung, und du zwingst deinen Gegner dazu, mit einer unkontrollierten zu reagieren.

Schließlich ist eine Reaktion nichts anderes als eine Entscheidung, die nicht über unser Bewusstsein und unseren Verstand läuft, sondern die im Affekt getroffen wird und daher in vielen Fällen falsch ist. »Die richtige Entscheidung«, schreibt Sunzi in seiner Kunst des Krieges, »gleicht dem wohlberechneten Herabstoßen eines Falken, der zuschlägt und sein Opfer tötet. Deshalb ist ein guter Kämpfer schrecklich im Sturm und rasch in seiner Entscheidung.« Beginnen Sie also, alles bewusst zu entscheiden und Ihr Leben nach Ihren eigenen Wünschen zu gestalten. Möglichst, bevor andere es tun. Denn nichts kann und wird ohne Ursache passieren.

ÜBUNGEN

Die folgenden Fragen sollen Ihnen helfen, sich Ihre Entscheidungs-
prozesse bewusstzumachen.

Sie kommen an einem Bettler vorbei, dem Sie gerne helfen möchten. Leider haben Sie nur zehn Cent bei sich. Geben Sie ihm das
Geld oder gehen Sie weiter?

....

Wann haben Sie das letzte Mal aufgrund einer Provokation entschieden? War die Entscheidung eine gute?

....

Fallen Ihnen Entscheidungen schwerer, wenn es dabei um Besitz
geht?

....

Wann hatte das letzte Mal eine vermeintlich kleine Entscheidung
plötzlich große Auswirkungen? Warum war das vorher nicht zu
erkennen?

....

Welche Entscheidung überdenken Sie intensiver: wem Sie bei der
nächsten Wahl Ihre Stimme geben werden oder von welcher Marke
Ihr neues Mobiltelefon sein soll?

....

Welche dieser Entscheidungen wird Ihr Leben mehr beeinflussen?

....

*Bei der Beurteilung einer Lage
und bei der Erwägung von
Maßnahmen darf man auch
nicht einen Augenblick
darauf verzichten, die
Wahrheit zu sehen,
selbst wenn sie
bitter ist.*

(Mustafa Kemal Atatürk)

2. Ignoriere Beeinflussung

Wenn ein Blinder einen Blinden führt,
fallen sie beide hinunter in eine Grube.

(Matthäus 15,14)

Lerne, dass kein anderer dich zu einer falschen Entscheidung führen kann als du selbst

Manchmal habe ich das Gefühl, die Natur hätte regelrecht ein Interesse daran, uns Menschen wieder und wieder auflaufen zu lassen. Anders kann ich mir nämlich nicht erklären, weshalb wir sogar Entscheidungen, die wir bereits als falsch erkannt haben, immer wieder aufs Neue treffen. Ich denke hier weniger an Entscheidungsmuster oder Gewohnheitsentscheidungen, denn deren Funktionsweise ist uns bekannt, wenn auch nicht immer bewusst. Doch es gibt da noch etwas viel Perfideres: die fixe Annahme, andere Menschen könnten unsere Entscheidungen so beeinflussen, dass wir nicht anders könnten, als nach ihrem Willen – und damit in ihrem Sinn – zu handeln.

Ich bin mir sicher, dass auch Sie der Meinung sind, dass Sie manche Entscheidung gar nicht anders treffen konnten. Und etwas, an das wir so fest glauben, wird zumindest in unseren Köpfen zur unverrückbaren Realität. Wer aber gut entscheiden möchte, muss sich mit der deutlich unbequemeren Wahrheit abfinden:

Niemand kann uns manipulieren, außer wir selbst.

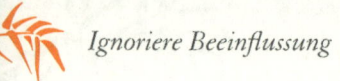

Das bedeutet aber: Solange ich Sie nicht mit körperlicher Gewalt zu etwas zwinge, ist alles, was Sie tun, Ihre ureigenste Entscheidung.

Es gibt absolut nichts, was Sie tun müssen.

Selbst wenn das jetzt sehr wahrscheinlich Ihren Widerspruch erweckt: Genau genommen müssten Sie nicht einmal zur Arbeit gehen. Es stünde Ihnen frei, den Tag mit Beerensammeln zu verbringen. Dass Sie das nicht möchten, steht auf einem anderen Blatt.

Ihre theoretische Immunität gegen Beeinflussung beginnt jedoch bereits damit, dass niemand Sie kränken kann. Auch das tun Sie selbst. Natürlich kann ich etwas unerhört Freches oder Beleidigendes zu Ihnen sagen. Aber was Sie daraus machen, ob Sie es sich zu Herzen nehmen oder einfach tun, als hätten Sie es nicht gehört, ist allein Ihre Sache. Nichts und niemand kann Sie zwingen, sich über meine Beleidigung zu ärgern oder sich gar gekränkt zu fühlen.

So verhält es sich mit vielem. Denken Sie nur an folgende Situation: Sie fahren mit dem Auto durch eine Ihnen fremde Stadt und suchen den Weg zum Haus eines Bekannten. Sie glauben zu wissen, dass dieses sich rechter Hand am Ende der Straße befindet. Sie sind sich aber nicht ganz sicher. Plötzlich hören Sie Ihren Beifahrer rufen: »Da, jetzt links rein! Links abbiegen!« Und prompt tun Sie es. Sie biegen links ab. Dummerweise kommen Sie dabei aber nicht an Ihr Ziel, sondern Sie landen in einer Sackgasse, in der Sie nur mühsam wenden können, und verlieren so viel Zeit. »Ich habe es doch gewusst!«, gehen Sie zornig den Beifahrer an. »Das ist jetzt alles nur, weil du ›links‹

geschrien hast! Ich wäre ja geradeaus gefahren, aber du weißt ja immer alles besser …« Ihr Begleiter entschuldigt sich daraufhin zerknirscht, Sie vergeben ihm großzügig, und in Ihrem Kopf triumphiert einer der bösesten Entscheidungsfehler und prägt sich gleich noch ein kleines bisschen fester ein: Suche für jede falsche Handlung einen Schuldigen, um von deiner eigenen Fehlentscheidung abzulenken!

Sie wären ja nicht abgebogen, aber der andere … Der andere hat was? Ihnen ins Lenkrad gegriffen? Sie mit vorgehaltener Waffe zum Richtungswechsel gezwungen? Oder nur seine Meinung gesagt, von der Sie sich in Ihrer Unsicherheit bereitwillig haben beeinflussen lassen? Wenn Sie es nicht selbst gewollt hätten, es hätte keinen Grund gegeben, die Fahrtrichtung zu ändern. Solange Sie sich aber diesen Zusammenhang nicht bewusstmachen, drehen Sie sich buchstäblich in einem Teufelskreis.

Gerade der unumstößliche Glaube daran, von anderen Menschen beeinflusst werden zu können, führt nämlich dazu, dass wir uns immer wieder selbst in deren Sinn manipulieren.

Da wir aber jedes Mal einen Schuldigen für unser falsches Verhalten suchen – und auch finden –, verhalten wir uns bei der nächsten Gelegenheit erneut nach diesem Muster. Oder denken Sie wirklich, dass Sie nie wieder auf einen Beifahrer hören werden? Was Manipulation allerdings so gefährlich macht, ist, dass sie weder immer zu erkennen ist noch immer mit Absicht geschieht. Denken Sie nur einmal an all die Handlungsmuster in Ihrem Kopf. Auch sie sind eine Art unbewusster Selbstbeeinflussung. Stellen Sie sich

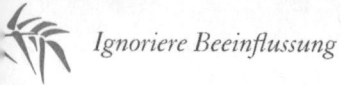

vor, es ist Mittagszeit. Sie gehen hungrig durch eine fremde Stadt. Wie Sie so durch die Gassen streifen, kommen Sie unerwartet auf einen großen Platz, auf dem Sie zwei Imbissbuden sehen. Endlich. Vor einer warten gerade sehr viele Menschen, sie müssten sich also auf eine lange Wartezeit einstellen. Vor dem Stand gleich daneben steht niemand. Ganz ehrlich: Für welche der beiden entscheiden Sie sich? Nur für den Fall, dass Sie, trotz des Hungers, die Wartezeit in Kauf nehmen: Darf ich Sie fragen, warum Sie das tun? Kann es sein, dass Sie annehmen, es gäbe einen Grund, warum die eine Imbissbude so stark frequentiert ist und die andere nicht? Dann sind Sie, auch wenn Sie das jetzt vielleicht nicht so sehen wollen, dem Phänomen der Beeinflussung erlegen.

Warum wir tun, was andere tun

Etwas zu tun, nur weil es vermeintlich alle tun, ist aber ein Verhalten, das offensichtlich nicht allein menschlich, sondern vielmehr in allen Lebewesen verwurzelt ist. Bereits im Jahr 1967 wollte der Psychologe G. R. Stephenson genau das in einem Experiment beweisen, das in einer Abwandlung als »Anleitung zum Gruppenzwang« berühmt geworden ist. Sperren Sie, so wird der Versuchsaufbau häufig beschrieben, fünf beliebige Affen zusammen in einen großen Käfig. Befestigen Sie an der Decke des Käfigs eine Schnur, von der eine Banane so hoch hängt, dass sie vom Boden aus nicht erreichbar ist. Unter der Banane plazieren Sie eine Leiter. Nun heißt es warten. Denn bereits nach kurzer Zeit wird der erste Affe versuchen, die Leiter hochzuklettern und sich die Banane zu holen. In genau dem Moment aber, in dem der

Affe die Leiter berührt, bespritzen Sie alle anderen Affen mit kaltem Wasser. Kurz darauf wird ein anderer Affe versuchen, an die Banane zu gelangen. Sobald er jedoch Anstalten macht, die Leiter zu besteigen, erhalten alle anderen sofort eine kalte Wasserdusche. Schon nach kurzer Zeit werden die Affen jeden Versuch eines Artgenossen verhindern, die Leiter zu betreten. In diesem Moment hat das kalte Wasser seine Schuldigkeit getan und wird nicht mehr benötigt. Holen Sie jetzt einen der Affen aus dem Käfig und ersetzen ihn durch einen, der den Versuch nicht mitbekommen hat. Sobald dieser versuchen wird, die Leiter zu erklimmen, um sich die Banane zu holen, wird er zu seiner großen Überraschung und zu seinem Entsetzen von den anderen Affen attackiert werden. Nach einem weiteren Versuch, der genauso endet wie der erste, wird dieser Affe verstanden haben, dass die anderen ihn attackieren, sobald er versucht, die Leiter hochzusteigen. Also wird er es bleibenlassen. Ersetzen Sie nun einen weiteren der ursprünglichen Affen. Auch dieser Fremde geht zur Leiter und wird umgehend attackiert. Dabei wird auch jener Affe, der vorher neu in den Käfig gekommen ist, mit Eifer bei der Bestrafung dabei sein. Ersetzen Sie jetzt nacheinander alle Affen, die zu Beginn des Versuchs im Käfig waren. Wann immer der aktuelle Neuzugang versuchen wird, die Leiter zu erklimmen, werden die anderen ihn attackieren. Tatsächlich haben die Affen, die ihn schlagen, natürlich keine Idee, warum sie das tun. So wie sie auch nicht wissen, warum eigentlich keiner die Leiter hochklettern darf. Nachdem nämlich alle Affen ausgetauscht sind, wurde keiner der Affen im Käfig jemals mit kaltem Wasser bespritzt. Nichtsdestotrotz wird kein Affe sich der Leiter nähern, um an die Banane zu gelangen.

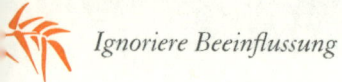

Warum nicht? Weil das immer schon verboten war. Zumindest soweit das den Affen bekannt ist.

Auch wir Menschen handeln nach genau diesem Muster. Schön zu sehen ist das zum Beispiel an der Frage, ob Geschäfte am Sonntag geöffnet haben dürfen. Es geht hier nicht darum, ob ich dafür bin oder dagegen. Ich möchte Ihnen einfach zeigen, dass es auch in dieser Frage mehr um den Nachahmungseffekt und die herrschende öffentliche Meinung geht als um persönliche Ansichten. Schließlich würden Sie wohl kaum die Hand dafür ins Feuer legen, dass die allerstrengsten Gegner der Sonntagsöffnung selbst am Sonntag nicht tanken würden, nicht essen gehen, weder ein öffentliches Verkehrsmittel benutzen noch ein Schwimmbad besuchen, ja, sich nicht einmal ein Eis kaufen? Wären Sie aber tatsächlich der Meinung, dass niemand am Sonntag arbeiten soll, müssten Sie diese Meinung wohl auch hier konsequent vertreten … Letztendlich lehnen viele Menschen nur aus dem Nachahmungstrieb heraus etwas ab, das ihnen eigentlich nützlich wäre, ohne überhaupt zu wissen, warum sie es tun. Gut, der Mensch ist eben ein Gesellschaftswesen und will nicht aus der Rolle fallen, werden Sie jetzt vielleicht sagen. Was aber weder an dem Problem etwas ändert noch überhaupt mit ihm zu tun hat.

Für Eigenmanipulation braucht es nämlich keine »anderen«.

Stellen Sie sich nur vor, Sie sitzen in einem Vortrag einer der anerkanntesten Kapazitäten Ihres beruflichen Fachgebiets. Sie haben zwar persönlich noch nichts gelesen, das diese Person geschrieben hat, wissen aber, dass der Redner zu den ganz großen Spezialisten zählt. Der große Vortragende betritt also die Bühne, begrüßt sein Publikum und macht gleich im ersten Satz einen groben Fehler: Bei einer beiläufigen Bemerkung zu einem Thema, das absolut nichts mit seinem oder Ihrem Fachgebiet zu tun hat, sagt er etwas, von dem Sie zu hundert Prozent wissen, dass es falsch ist. Wird das jetzt die Art beeinflussen, in der Sie dem weiteren Vortrag folgen? Kann es sein, dass dieser Fauxpas dazu führt, dass Sie, statt unvoreingenommen zuzuhören, von nun an ständig darauf warten, auch fachliche Fehler zu entdecken? Durchaus möglich, oder?

Tatsächlich ist unsere Entscheidungs- und Wahrnehmungsfähigkeit längst nicht so objektiv, wie wir uns das gerne vorstellen.

Die Frage, wie wir eine Sache bewerten, hängt in großem Maße davon ab, in welchem Umfeld, in welcher Laune und mit welcher Erwartungshaltung wir sie gerade wahrnehmen. Vor einiger Zeit hat eine bekannte amerikanische Tageszeitung den Versuch gemacht, diese Annahme zu beweisen. In einer stark frequentierten Washingtoner U-Bahn-Station spielte ein Mann auf einer Geige. Die meisten Passanten eilten hektisch vorbei. Manche blieben für wenige Augenblicke stehen, um dem Geigenspiel zu lauschen, und nur ganz wenige warfen auch Münzen in den auffordernd bereitliegenden Hut. Einzig ein Kind hätte gerne länger zugehört, wurde aber sofort von seiner Mutter weitergezogen. Sie meinen, es werde wohl an der mangelnden Qualität des Geigenspiels gelegen haben, dass die Passanten es nicht hören wollten? Ich denke, das ist auszuschließen. Der Geiger war nämlich einer der größten leben-

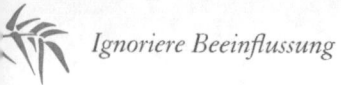

den Virtuosen, und er spielte auf einer der teuersten Geigen der Welt eines der schwierigsten Stücke, die jemals komponiert worden sind. Am Abend vor diesem Experiment hatte er in einer ausverkauften Konzerthalle von einem riesigen Publikum, das bereit gewesen war, einen beachtlichen Preis für diese Vorstellung zu bezahlen, stehende Ovationen bekommen.

Vom Philosophen Friedrich Nietzsche stammt das Zitat: »Man widerspricht oft einer Meinung, während uns nur der Ton, mit dem sie vorgetragen wurde, unsympathisch ist.« Diese Eigenmanipulation wäre noch weniger problematisch, wäre sie uns wenigstens bewusst. So aber meinen wir, uns völlig unbeeinflusst entschieden zu haben, ja, wir ahnen nicht einmal den wirklichen Hintergrund unserer Entscheidung. Nehmen wir einmal an, Sie hassten aus irgendwelchen Gründen den Dialekt einer bestimmten Region. Würden Sie bei einem Vorstellungsgespräch einen durchaus qualifizierten Bewerber, der genau diesen Akzent besonders stark spricht, genauso bewerten, als spräche er reinstes Hochdeutsch? Wie jemand aussieht, ob er Mundgeruch hat oder nach einem angenehmen Rasierwasser duftet, ob er Markenanzüge trägt oder ungeputzte Schuhe an den Füßen hat: All das und vieles mehr beeinflusst unsere Entscheidungen. Ohne aber dass uns das im Normalfall bewusst wird. Wir sollten also lernen, uns diese unbewussten Einflüsse vor einer Entscheidung bewusstzumachen.

In diese Kategorie der Manipulation fallen auch die Angriffstechniken der bewussten Provokation und Schmeichelei, die am Ende nur darauf abzielen, den Gegner unvorsichtig zu machen. Oder denken Sie ernsthaft, die Verkäuferin in Ihrem Lieblingskleidergeschäft findet Sie so attraktiv, wie sie tut? Menschen hören aber nun einmal lieber Komplimente als die Wahrheit und lassen sich gerne auf diese Weise manipulieren. Oft zu ihrem eigenen Nachteil. Es schadet also nicht, bei jedweder Schmeichelei die wahre Absicht des Gegenübers zu hinterfragen.

Sich nicht von anderen abhängig machen

Doch so offensichtlich muss Manipulation gar nicht sein. Schließlich können wir uns auch ganz hervorragend selbst manipulieren, indem wir uns vom Handeln anderer Personen abhängig machen. Auf andere Menschen einzugehen sei nicht schlimm, meinen Sie? Ja ... Normalerweise ist es das auch nicht. Richtet sich aber eine Entscheidung, die wir als Reaktion auf ein Fehlverhalten einer anderen Person treffen, am Ende gegen uns selbst, dann bekommt das Thema Eigenmanipulation eine ganz neue Dimension.

In diesem Zusammenhang erinnere ich mich gut an die folgende Situation: Vor einigen Jahren hielt ich mich auf einer sehr beliebten indonesischen Ferieninsel auf. Aus den unterschiedlichsten Gründen gab es dort nur ein einziges Lokal, das mit meinen Vorstellungen übereinstimmte. Es war günstig, bot vegetarische Kost und gutes Essen. Mindestens zwei Wochen lang war ich dort täglich Gast zum Frühstück, Mittag- und Abendessen. Eines Abends erklärte mir die Besitzerin, die meiner Meinung nach bis dahin recht gut an mir verdient hatte, auf eine für meinen Geschmack etwas zu rüde Art, dass das Lokal an diesem Abend bereits geschlossen sei. Und das, obwohl ganz offen-

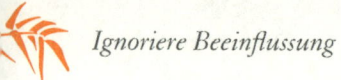

sichtlich Gäste drinnen saßen und ich Hunger hatte. Nun, dachte ich mir, dann eben nicht. Auch andere Lokale haben gutes Essen. Was natürlich so nicht der Fall war, sonst wäre ich ja schon längst einmal dorthin gegangen. Aber zu dieser Erkenntnis konnte ich mich in diesem Moment nicht durchringen. Ich hatte nämlich längst die Entscheidung getroffen, die Besitzerin für ihr Verhalten einem treuen Gast gegenüber mit Geldentzug zu bestrafen. Erst nach zwei harten Tagen wurde mir plötzlich klar, dass derjenige, den ich hier eigentlich bestrafte, ich selbst war. Das geschmähte Lokal war voll wie immer, und der Einzige, dem ich mit meinem Fernbleiben echten Schaden zufügte, war ich selbst. Und nachdem ich mir erst einmal die Frage gestellt hatte, wie ich eigentlich dazu kam, auf das gute Essen zu verzichten, nur weil die Dame unfreundlich gewesen war, entschloss ich mich, mir meine Entscheidung nicht von ihrem Verhalten diktieren zu lassen. Vom gleichen Abend an war ich weitere zwei Wochen dreimal täglich zu Gast.

Tatsächlich ist die Frage, was andere Menschen tun, für unser Verhalten viel ausschlaggebender, als uns meist bewusst ist.

Beginnen wir mit einem ganz einfachen Beispiel. Stellen Sie sich vor, auf einem Plakat wird eine Großveranstaltung beworben. Unter den Namen der auftretenden Künstler steht auffordernd: »Jetzt Karten kaufen!« Welche Stimmung ruft das bei Ihnen hervor? Zahlen Sie gleich mit Kreditkarte, damit es schneller geht, oder nehmen Sie in Wirklichkeit von dem Aufruf nicht einmal Notiz? Probieren wir es also anders. Gleiches Event, gleiches Plakat. Darunter in roten Riesenbuchstaben: »Jetzt Karten sichern!« Was treibt Sie mehr zur Eile? Selbst wenn Ihnen eigentlich klar ist, dass das Kartenkontingent gar nicht limitiert ist, das Gefühl ist schon ein anderes, oder?

Ein geschickter Manipulator kann das Wissen, dass Menschen ihre Entscheidungen vom Handeln anderer abhängig machen, sehr leicht missbrauchen. So wurde zum Beispiel einmal in einer dieser spätabendlichen Fernsehsendungen, deren einziger Zweck darin besteht, den Zuschauern möglichst viel Ramsch anzudrehen, folgender Satz eingeblendet: »Wenn unsere Leitungen besetzt sind, rufen Sie bitte zu einem späteren Zeitpunkt noch einmal an!« Vielleicht fragen Sie sich jetzt, worin hier die Manipulation liegt. Ich will es Ihnen sagen: Sie sollen das beruhigende Gefühl haben, mit Ihrer Kaufentscheidung nicht alleine zu sein. Wenn so viele bestellen, kann das Produkt ja wohl nicht schlecht sein! Der Missbrauch beginnt nun damit, dass die Leitung wohl selbst dann zumindest einmal belegt wäre, wenn Sie als Einziger anriefen. Das ist Teil des Spiels. Die Psychologie spricht in Zusammenhang mit dem Phänomen, dass Menschen sich eher für etwas entscheiden, wenn sie glauben, dass auch andere sich dafür entschieden haben, vom Sozialbeweis oder dem Social Proof.

61

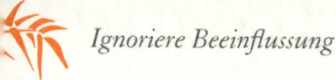

Die Nachteile des Nachahmens

So überzeugend die vermeintliche Weisheit der Masse aber auf den ersten Blick aussieht, ein zweites Hinsehen offenbart gravierende Nachteile. Erstens kann sich, wie diverse Krisen in der letzten Zeit eindrucksvoll beweisen, auch die Masse irren. Und wie sonst könnte es zu einer Massenpanik mit Hunderten Toten kommen? Zweitens muss nicht alles, was für den Menschen im Allgemeinen gut ist, auch für Sie gut sein. Und drittens, und das ist das schwerwiegendste Argument gegen diese Art der Entscheidungsfindung, ist genau dieser Social Proof manipulierbar. Woher wollen Sie wissen, ob es wahr ist, wenn Ihnen jemand sagt, eine Million anderer Menschen teilten Ihre Meinung? Was sagen besetzte Leitungen über die Menge der eingehenden Bestellungen aus? Wer sagt Ihnen, dass die anderen auch alle anrufen, um etwas zu kaufen? Vielleicht möchten Sie auch einfach den Typen vom Fernsehen einmal ordentlich die Meinung über die schlechte Qualität der Produkte sagen …

Was sozialen Druck aber so mächtig macht, ist unsere Annahme, es mit Gleichgesinnten zu tun zu haben, die keinen Grund haben, uns zu manipulieren, da sie dadurch keinen Vorteil hätten.

Es scheint eine menschliche Grundangst zu sein,
dass andere vom eigenen Verhalten mehr profitieren als man selbst.

Nehmen wir einmal an, Ihr Bankberater rät Ihnen zu einem bestimmten Finanzprodukt. Sehr wahrscheinlich vermuten Sie dahinter sofort einen persönlichen Vorteil für den Verkäufer und fragen sich, warum er Ihnen ausgerechnet dieses Produkt empfiehlt. Haben Sie diese Bedenken auch, wenn Sie aus der Zeitung erfahren, dass ein bestimmter Fonds von mittlerweile 980 000 Kunden gezeichnet worden ist und Sie selbst Ihren Berater aufsuchen, um dort einzusteigen? Dabei ist Ihnen keiner der 980 000 Mitzeichner persönlich bekannt: Was macht sie so vertrauenswürdig?

Eine solche Denkweise lädt geradezu ein zur Beeinflussung. Oft reicht es, wenn uns jemand glaubwürdig genug versichert, er habe nichts davon, wenn wir seinen Rat befolgen. Machen Sie sich bewusst: Auch er ist ein Gegner.

*Denn nur, wenn uns jemand glauben machen kann,
selbst keinen Gewinn aus unserer Entscheidung zu ziehen,
sind wir bereit, seinen Argumenten ohne Zögern zu folgen.*

Doch ob Einzelperson oder Masse: Machen Sie nicht den Fehler, sich bei einer Entscheidung vom Verhalten oder der Meinung anderer Menschen abhängig zu machen. Warum auch sollten ausgerechnet diese Menschen selbstlos zu Ihrem Vorteil entscheiden?

In Shaolin erzählt man sich dazu die folgende Geschichte: Eines Tages erblickten ein Hund und ein Fuchs gleichzeitig eine dicke, große Wurst, die jemand unterwegs verloren hatte. Da sie sich nicht einigen konnten, wem die Wurst nun gehören sollte, gingen sie zum Affen und baten ihn, als Schiedsrichter zu fungieren. Der Affe hörte den beiden Streithähnen aufmerksam zu und sprach dann: »Die Sachlage ist klar: Jedem gehört genau die halbe Wurst!« Daraufhin teilte er die Wurst in zwei Teile und legte beide

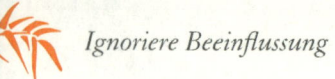

Teile auf eine Waage. Eines der beiden Stücke war etwas schwerer als das andere, also biss der Affe einen guten Happen davon ab. Wieder legte er die Teile auf die Waage, doch nun war das andere Teil schwerer. Auch hier biss er wieder ein Stück ab. So ging es immer weiter und weiter, und nie gab es eine gerechte Lösung. Die Wurstteile aber wurden immer kleiner, und ehe es sich der Hund und der Fuchs versahen, hatte der Affe die ganze Wurst aufgefressen. Mit eingeklemmten Ruten schlichen die beiden davon. Diese Wahrheit gilt auch im umgekehrten Fall:

Ändern Sie nie Ihre Vorgehensweise aus Angst, ein anderer könne einen größeren Vorteil daraus ziehen als Sie.

Und glauben Sie nicht, die Änderung einer bereits getroffenen Entscheidung könnte Ihnen mehr Gewinn einbringen.

Verstehen Sie mich nicht falsch. Das ist kein Aufruf zum Stillstand. Ich möchte Sie lediglich davor warnen, etwas aus der falschen Motivation heraus zu verändern. Lassen Sie mich an einem Beispiel verdeutlichen, was ich meine.

Stellen Sie sich dazu bitte einen Strand vor, der durch einen Weg in zwei gleich große Abschnitte geteilt wird. In der Mitte jedes der beiden Strandabschnitte steht je ein Eisverkäufer. Beide verkaufen das exakt gleiche Eis zum exakt gleichen Preis. Gleichgültig, wo die Kunden sich befinden, sie müssen alle den genau gleichen Weg durch den heißen Sand zurücklegen, um an ein Eis zu kommen. Obwohl das Geschäft gut läuft, beschließt der Verkäufer, der seinen Stand im linken Abschnitt hat, dass es für ihn noch besser laufen könnte, wenn er nur ein kleines Stück in Richtung seines Konkurrenten rückte. Dann wäre nämlich der Weg zu ihm auch für manche Kunden vom rechten Strandabschnitt kürzer, und er könnte seinem Mitbewerber einige Käufer abspenstig machen. Für kurze Zeit geht das tatsächlich gut. Der Umsatz steigt, und der Mann reibt sich die Hände. Bis sein Kollege im rechten Strandabschnitt plötzlich erkennt, was Sache ist. Umgehend rückt auch er seinen Wagen ein Stück weiter in die Mitte des Strands, um die verlorenen Kunden wieder zurückzugewinnen. Daraufhin rückt der linke Verkäufer noch weiter in die Mitte. Prompt folgt die Reaktion des rechten Eisverkäufers. Das Spiel geht schließlich so lange, bis sich die beiden Verkäufer in der Mitte treffen. Wer nun nicht mehr mitspielt, sind die Gäste auf beiden Seiten am äußeren Rand des Strandes. Ihnen ist der Weg zum Eis nun zu weit geworden, und sie verzichten lieber darauf.

Sie sehen, jede Entscheidung zieht eine Folgeentscheidung nach sich. Was für den einen Verkäufer vermeintlich vorteilhaft war, führt zu Verlusten auf beiden Seiten. Die Verlegung des Standorts war dabei grundsätzlich keine dumme Idee. Ich möchte auch keinesfalls davon abraten, Dinge zu verändern. Ich möchte nur zeigen, dass jede Entscheidung eine Reaktion provoziert und dass Sie selbst sich dadurch schaden können.

Falsche Berater gibt es viele. Und Gier ist einer davon.

Bewusst mit Regeln umgehen

Mindestens ebenso schädlich ist eine andere Art der Beeinflussung, der wir uns freiwillig unterwerfen: Regeln.

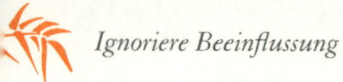

Wie viele Dinge tun oder lassen Sie, einfach deshalb,
weil Sie einer Vorgabe folgen?

Dabei verstehen wir nicht einmal in jedem Fall, warum es eine Regel gibt.

Wir fügen uns oft aus Bequemlichkeit. Denn abgesehen davon, dass man vermeintlich nichts falsch machen kann, wenn man sie befolgt, sind Regeln auch unglaublich beruhigend für das Gewissen. Wie immer eine Sache ausgeht, man hat zumindest »das Richtige« getan. Wie oft aber erschweren uns Regeln, die Notwendigkeit einer Sache objektiv zu betrachten? So kommt es, dass Unnötiges getan oder Nötiges unterlassen wird, nur, weil wir eben Regeln aus Prinzip befolgen oder missachten. Gerade im Umgang mit Vorschriften ist aber eine gute Portion Augenmaß nötig, damit eine Entscheidung nicht aus Obrigkeitshörigkeit getroffen wird, sondern mit Augenmaß und in Anbetracht der tatsächlichen Situation! Sich beim Autofahren nicht anzugurten, weil man sich eben keine Vorschriften machen lässt, ist am Ende genauso unsinnig, wie mitten in der Nacht auf einer unbefahrenen Kreuzung zwanzig Minuten lang darauf zu warten, dass die defekte Ampel auf Grün umschaltet.

Aber für Manipulation braucht es eben
nicht immer einen Zweiten.

Häufig genug erledigen wir das ganz alleine, sind wir uns Gegner genug. Auch wenn wir es nachher fast immer auf jemand anders schieben, macht uns niemand anderer als wir selbst den meisten Druck. Eine weitverbreitete Form der Selbstbeeinflussung ist, dass wir glauben, Anforderungen zu durchschauen, und entsprechend handeln. Lassen Sie mich kurz demonstrieren, wie das funktioniert. Lesen Sie dazu bitte einmal den Text im Anschluss laut vor, und lesen Sie erst weiter, wenn Sie die Aufgabe erledigt haben. Hier der Text: »Whictig ist eziing, dsas der ertse und der lettze Buhcstbaen eneis Wtreos stemimn. Der Rset knan ein völileges Duchrienanedr sien und trtozedm prboelmols gelseen wreden. – Kroretkrummporgrae im Hrin mcehan es milögch. Luat eienr Stduie der Cambrdige Unievrstiät speilt es kenie Rlloe, in welcehr Reiehnfogle die Buhcstbaen in eniem Wrot vorkmomen, die eingzie whctige Sahce ist, dsas der ertse und der lettze Buhcstbae stmiemn. Der Rset knan ein völileges Duchrienanedr sein und knan trtozedm prboelmols gelseen wreden. Das ist, wiel das menchsilche Ague nicht jeedn Buhcstbaen liset.« Und? War gar nicht so schwierig, oder? In Ihrem Kopf haben Sie den Text bestimmt zu folgenden Worten zusammengesetzt: »Wichtig ist einzig, dass der erste und der letzte Buchstabe eines Wortes stimmen …«, oder? Gut. Dann habe ich Sie dabei erwischt, dass Sie sich selbst manipulieren. Sie haben nämlich gerade nicht das vorgelesen, was tatsächlich dasteht, sondern Sie haben das gelesen, von dem Sie meinten, dass Sie es lesen sollen. Sie sind Ihrer eigenen Erwartungshaltung aufgesessen. Obwohl niemand angeordnet hat, die Buchstaben in eine andere, vermeintlich sinnvollere Reihenfolge zu bringen, haben Sie genau das getan und folglich auf eine berechenbare Art entschieden.

Unglücklicherweise ist vorhersagbares Verhalten eine menschliche Eigenart, die sehr häufig zu Ihrem Nachteil ausgenutzt wird.

Gut zu sehen ist das oft bei Sonderangeboten, auch im Internet bei einem großen Internetauktionshaus. Hier funktioniert die Irreführung dann zum Beispiel so:
Sie sind auf der Suche nach einem günstigen Geschenk für einen Ihrer Lieben. Plötzlich stoßen Sie auf folgendes Angebot: »Apple iPhone 4 s 16 GB OVP Original-Verpackung weiß/1 Tag alt. Mindestgebot 1 Euro.« Neu kostet so ein iPhone an die 700 Euro. Bis wohin steigern Sie mit, wenn Ihnen das Auktionshaus in seinen Geschäftsbedingungen garantiert, dass nur funktionstüchtige, originale Ware geliefert wird? Bis fünfzig Euro? Bis hundert? Nicht vergessen: Sie müssen keine Angst vor Fälschungen haben! Also: zweihundert? Mehr? Geben Sie doch vor dem Weiterlesen bitte ein ehrliches Gebot ab. Fertig?
So Sie jetzt mehr als 50 Cent geboten hätten, wären Sie einem windigen Verkäufer auf den Leim gegangen. Diese vertrauen nämlich darauf, dass die potentiellen Käufer ob des günstigen Preises die Gier übermannt und sie daher nicht mehr so genau lesen, für was sie eigentlich bieten. Wo bekommt man schließlich auch ein derart billiges iPhone? Nirgends. Nicht einmal im Internet. Denn statt auf eine brandneue Spielekonsole, ein Notebook oder Handy bieten die Interessenten für einen leeren Karton. Genau das haben auch Sie gerade getan. Versteigert wurde ja nur eine Originalverpackung ... Die richtig professionellen Abzocker jedenfalls machen mit dieser Masche, das kann ich Ihnen versichern, richtig gutes Geld.

Emotionen kontrollieren

Wie schon weiter vorne beschrieben, ist es mit Abstand einer der schlimmsten Entscheidungsfehler, die man überhaupt machen kann, aus einer Emotion heraus zu entscheiden.

Wer gute Entscheidungen treffen möchte, muss lernen,
seine Emotionen unter allen Umständen zu kontrollieren.

Nehmen wir einmal an, Sie möchten bei einer dritten Person etwas erreichen. Obwohl Sie die betreffende Person absolut nicht ausstehen können, gelingt es Ihnen, freundlich zu bleiben. Das Gespräch läuft gut, und Sie sind auch schon kurz davor, an Ihr Ziel zu gelangen. Plötzlich sagt Ihr Gegenüber etwas, das Sie keinesfalls auf sich sitzenlassen können, und die ganze mühsam zurückgehaltene Verachtung bricht aus Ihnen heraus. Selbst wenn Ihr Zorn nur ganz kurz aufwallt, Ihr Gegner weiß augenblicklich, woran er wirklich ist.

Doch wer gut essen will, so sagt man in Shaolin,
sollte den Koch nicht beleidigen.

Wozu man aber Herr seiner Emotionen sein muss?
Nehmen wir als anderes Beispiel die Angst, die man in Shaolin als größten Feind sieht.

Das Besiegen der Angst
gilt den Mönchen als die wichtigste
Voraussetzung für den kampflosen Sieg.

Der Schriftsteller Edmund Burke hat einmal gesagt: »Keine Emotion beraubt den Geist so vollständig seiner Möglichkeiten zu handeln und zu denken wie die Angst.« Verstehen Sie mich recht: Respekt vor einer Situation ist gut und wichtig, Angst in einer Situation im schlimmsten Fall sogar tödlich. Dass wir den Gegner nicht wecken, wenn er schläft, ist eine gute Idee. Weniger gut aber ist es, dem einmal erwachten Gegner buchstäblich gelähmt vor Angst gegenüberzustehen und sich ohne Gegenwehr abschlachten zu lassen. Wann immer ich aber mit Menschen über dieses Thema spreche, kommt augenblicklich der Einwand, gerade Angst könne doch Leben retten. Schließlich verleihe sie vielen Betroffenen in heiklen Situationen schier übermenschliche Kräfte. Das mag schon sein. Aber was nützt es uns, stark zu sein wie Herkules, wenn Emotionen uns dazu verleiten, das Falsche zu tun?

Stellen Sie sich nur vor, es erginge Ihnen wie vor einigen Jahren einem Mann in Malaysia, der im Regenwald auf der Suche nach Kräutern war. Als er plötzlich hinter sich ein merkwürdiges Geräusch vernahm, drehte er sich um. Zu seinem Entsetzen stellte er fest, dass er einem hungrigen Tiger gegenüberstand. Nun wäre die Angstreaktion der meisten Menschen wohl gewesen, so schnell wie irgend möglich davonzulaufen. Dummerweise können wir aber gar nicht so viel Angst haben, dass wir auch nur den Funken einer Chance hätten, einem Tiger zu entkommen. Ganz im Gegenteil: Er würde uns von hinten anfallen, und so bliebe uns keine Möglichkeit zur Gegenwehr. Sosehr uns unsere Angst also auch beflügelte – sie brächte uns den sicheren Tod. Unser Mann aus Malaysia tat das einzig Richtige: Er ignorierte seine Angst. Mit einem großen

Stein schlug er so lange auf das Maul des Tigers ein, bis dieser von ihm abließ. Wenn auch schwer verwundet, überlebte der Mann den Angriff und war um eine Erfahrung reicher:

> *Wer bewusst entscheidet, hat die Kontrolle*
> *über das, was passiert.*

Wie Angst ist auch Zorn eine in ihren guten Auswirkungen überschätzte und in ihren schlechten Folgen unterschätzte Emotion. Klar, er gibt uns die Kraft und den Mut, Dinge zu sagen, die wir sonst für uns behalten würden. Aber einmal ganz ehrlich: Hat das nicht seinen Grund? Ist es denn wirklich notwendig, dass jeder weiß, was Sie von ihm denken? Ich glaube nicht.

Eine alte Fabel berichtete, dass ein schlechtgelaunter Löwe mit einem ebensolchen Stinktier aneinandergeriet und in eine Wolke des Gestanks eingehüllt wurde. Da sich so etwas nicht für einen Löwen ziemte, suchte er Rat bei drei Freunden. Der ehrliche Hund sagte ihm, dass er in der Tat stinke. Doch das wollte der Löwe nicht hören. Also fraß er ihn auf. Die Ziege hingegen meinte, er dufte so lieblich wie eine Rose. Erzürnt über diese offensichtliche Lüge fraß der Löwe auch sie. Schließlich traf er den Fuchs. Der gab ihm mit Bedauern zu verstehen, dass er leider so erkältet sei, dass er nichts riechen könne. So kam er mit dem Leben davon.

Auch in Shaolin erzählt man sich die Geschichte eines Samurai, der eines Tages zu einem alten Zen-Meister kam, um eine Belehrung über Himmel und Hölle zu erhalten. Der alte Zen-Meister beachtete ihn aber kaum und sagte:

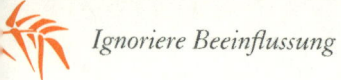

»Was willst denn du über Himmel und Hölle erfahren? Mit Kerlen wie dir verschwende ich doch nicht meine Zeit!« Der zutiefst beleidigte Samurai zog sein Schwert und schrie: »Für diese Frechheit wirst du sterben!« Da lächelte der alte Zen-Meister und sagte: »Das ist die Hölle.« Der Samurai verstand und lächelte auch. Er steckte das Schwert zurück, verneigte sich und dankte dem Meister für die Einsicht. »Und das«, sagte der Mönch, »ist der Himmel.«

Um die Frage vorwegzunehmen: Nein, ich glaube nicht, dass es möglich ist, das Entstehen von Emotionen zu verhindern. Wie schon geschrieben, ich halte sie für jenes Werkzeug der Natur, mit dem sie uns aufstacheln möchte, Entscheidungen herbeizuführen. Was wir aber sehr wohl beeinflussen können, ist die Frage, wie wir mit unseren Emotionen umgehen.

Es liegt allein in unserer Hand, ob wir zulassen,
dass Emotionen unser Handeln und damit
unsere Entscheidungen bestimmen.

Jeder Novize in Shaolin hört die Geschichte vom Zen-Meister, der eines Tages in Begleitung eines Schülers eine Straße entlangging, als plötzlich ein Mann daherkam und so heftig auf den Meister einschlug, dass dieser zu Boden stürzte. Der Meister stand aber wieder auf als sei nichts gewesen, setzte seinen Weg in die gleiche Richtung fort und blickte nicht einmal zurück. Sein Schüler, der die Szene beobachtet hatte, fragte entsetzt: »Meister! Was soll das bedeuten? Wer war dieser Mann, und warum hat er das getan? Er hätte dich auch töten können!« Der Meister schaute ihn nur kurz an und sagte: »Das ist sein Problem, nicht meines.« Selbst der stärkste Zorn, so habe ich schon an anderer Stelle geschrieben, vergeht ganz ähnlich dem Schmerz. Solange er aber vorhanden ist, vernebelt er unser Denken und macht jede gute und richtige Entscheidung unmöglich.

Stellen Sie sich jetzt einmal vor, Sie haben sich mitten in der Nacht in einer fremden Stadt verirrt. Wie reagieren Sie? Sehr wahrscheinlich mit Zorn. Mit Ärger auch auf sich selbst, auf irgendjemand anderen, der vermeintlich vergessen hat, Ihnen eine Karte mitzugeben, mit Ärger auf die ganze Welt. Aber einmal ganz ehrlich: Ist dieses Gefühl in dieser Situation wirklich nützlich? Hilft es Ihnen tatsächlich, den richtigen Weg zu finden? Oder werden Sie nur wutschnaubend in der Gegend herumirren und Zeit verlieren, bis der Zorn wieder verraucht ist?

Ihr »innerer Beobachter«

Um aus der Sache herauszukommen hilft nur eines:

> *Atmen Sie die Emotion bewusst aus,*
> *und lassen Sie sie gehen.*

Dann können Sie völlig emotionsbefreit die Situation analysieren und entsprechende Entscheidungen treffen. Was sich oft leichter anhört, als es sich dann in der Situation tatsächlich umsetzt. Hier ist es oft sehr hilfreich, einen unsichtbaren Begleiter zu nutzen, den Sie eigentlich ohnehin ständig bei sich haben. Ich will ihn hier den »inneren Beobachter« nennen.

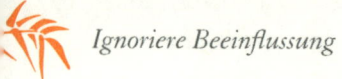

Die Idee dazu hatte ich im Gespräch mit einem sehr lieben Freund. Er, seines Zeichens Jurist, sieht auch dort nur die nackten Tatsachen, wo ich voller Zorn meinen Gegnern alle Prozesse der Welt an den Hals wünsche. So kam es nicht nur einmal vor, dass ich schreiend angekündigt hatte, jemanden, von dem ich mich unglaublich ungerecht behandelt fühlte, wegen Betrugs anzuzeigen. Mein Freund hatte darauf nur verstehend gelächelt und gemeint, sosehr er meinen Zorn auch nachvollziehen könne, müsse er mich leider enttäuschen. Das sei nun mal kein Betrug. Schließlich setze dieser eine Bereicherungsabsicht voraus, die in meinem Fall aber leider nicht nachweislich gegeben sei. Selbstverständlich könne ich Strafanzeige erstatten, aber eben nur wegen einer Sache, die lange nicht so spektakulär klinge. In allen anderen Fällen, und genau darin läge das Problem meiner Emotion, würde jedes Gericht eine Klage abweisen, da der von mir behauptete Straftatbestand eben nicht erfüllt sei. Klar sei es befriedigender, von einem Mord zu sprechen als von fahrlässiger Körperverletzung mit Todesfolge. Aber es sei nun einmal nicht das Gleiche.

Genau dieses Anliegen meines Freundes, einen Sachverhalt auf seine Tatsachen zu reduzieren, übernimmt Ihr innerer Beobachter. Egal, wie emotionsgeladen Sie sein mögen, er bleibt ruhig. Wie ein unbestechlicher, beratender Anwalt steht er hinter Ihnen und mahnt Sie, das zu sehen, was Tatsache ist, und nicht das, was Sie gerne sehen würden. In Ihrem eigenen Interesse:

Treffen Sie niemals eine Entscheidung, ohne Ihren inneren Beobachter vorher befragt zu haben.

Denn er kann Ihnen auch in emotionalen Momenten be-
hilflich sein und Sie dabei unterstützen, eine der wichtigsten Formen der Eigenmanipulation abzuschwächen, die
mir bekannt ist: das Sich-in-eine-Sache-Hineinsteigern.
Und damit meine ich weniger den Zorn. Ich denke eher an
alle Situationen, in denen man zu wissen glaubt, was das
Gegenüber eigentlich sagen möchte, bevor dieses überhaupt
ausgeredet hat. Der Gegner, der eigentlich gar keiner ist,
beginnt einen Satz, und ohne zu wissen, wie ihm geschieht,
stehen Sie ihm plötzlich tobend gegenüber. Meist beginnt so
etwas mit einer harmlosen Frage: »Du, ich hätte nur eine
Bitte. Könntest du vielleicht irgendwann …« Und schon ist
es geschehen, Ihnen platzt der Kragen: »Ja, klar kann ich
den Rasen mähen. Ich höre auch jetzt sofort auf mit meiner
Arbeit und mache es. Schließlich habe ich ja sonst nichts zu
tun. Aber das ist dir offensichtlich völlig egal. Dir ist immer
nur wichtig …« So geht es weiter, und die Sache eskaliert
völlig unnötig. Hätten Sie nämlich den anderen ausreden
lassen, Sie hätten erfahren, dass der eigentliche Fortgang
der Frage gewesen wäre: »Könntest du vielleicht irgendwann überlegen, was ich dir zum Abendessen kochen soll?«
Interessanterweise war der Auslöser für Ihre Fehlentscheidung, die Situation eskalieren zu lassen, doch in Wirklichkeit Ihr schlechtes Gewissen. Sie haben etwas lange Ver-
sprochenes noch immer nicht umgesetzt. Offensichtlich
haben Sie gehandelt, ohne Ihren inneren Beobachter zu
konsultieren. Der hätte Ihnen nämlich geraten, Ihr Gegenüber zuerst ausreden zu lassen …

Ein geschickter Angreifer kann solche Reaktionen
provozieren und Sie zu übereilten Entschlüssen treiben.

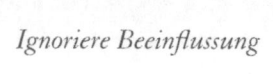

Der Trick ist ganz einfach: Der Angreifer muss mit seiner Fragestellung nicht nur Ihre Antwort vorwegnehmen, sondern gleichzeitig auch Ihre Stimmung in die gewünschte Richtung lenken.

Stellen Sie sich vor, Ihr Chef kommt zu Ihnen und meint ganz nebenbei: »Ich bräuchte da jemanden für das Projekt XY. Sie können das ja wohl nicht, aber fällt Ihnen sonst jemand ein?« Halten Sie doch bitte einmal kurz inne und überlegen Sie, wie diese Frage Ihre Entscheidung beeinflusst, wenn Sie die gewünschte Fähigkeit in Wirklichkeit besitzen und vielleicht sogar auch über die nötige Zeit dazu verfügen. Sagen Sie tatsächlich: »Ach, das kann ich doch sehr gut und übernehme es gerne selbst!«?

Der simple Trick liegt darin, den Gefragten zu zwingen, zusätzlich zu seinen eigenen Zweifeln die Energie aufzubringen, gegen die negative Haltung des Fragenden anzugehen. Sie müssen also nicht nur über das geforderte Wissen verfügen, sondern zusätzlich dem anderen beweisen, dass er mit seiner Einschätzung unrecht hatte.

Zugzwang und Selbstbeeinflussung

Auch in diesen Fällen kann Ihnen Ihr innerer Beobachter helfen. Lassen Sie ihn einfach die Frage übersetzen: »Du, dein Chef möchte wissen, ob du das kannst!« Und dann können Sie ruhig antworten: »Klar kann ich das!« So geraten Sie nicht in Zugzwang: Wann immer jemand versucht, Sie mit manipulativen Fragen zu beeinflussen, konsultieren Sie vorher Ihren inneren Beobachter. Nehmen Sie sich diesen Atemzug Zeit, würde ein Samurai Ihnen raten.

Antworten Sie nie ohne Ihren Anwalt,
den inneren Beobachter.

Damit das funktioniert, ist es wichtig, dass Sie Ihren inneren Beobachter bewusst zur Objektivität zwingen. Vergessen Sie nicht, dass es unendlich viele Möglichkeiten gibt, sich durch Selbstbeeinflussung selbst zu übervorteilen. Vor einer leider sehr häufigen Form der Eigenbeeinflussung möchte ich Sie hier noch besonders warnen: davor, Tatsachen nicht wahrhaben zu wollen.

Auch bei dieser Selbstmanipulation lassen wir uns nicht von der objektiven Realität leiten, sondern allein von der Frage, welchen Ausschnitt der Wirklichkeit wir in unser Bewusstsein lassen.

Unglücklicherweise haben wir von Natur aus
die erstaunliche Fähigkeit, alles auszublenden,
was uns nicht ins Konzept passt.

Das mag erst einmal wie eine positive Eigenschaft aussehen, doch in Wirklichkeit manövrieren wir uns dadurch sehr oft ins Abseits.

Lassen Sie es mich am Beispiel des Kampfes zeigen: Wer die Tatsache leugnet, dass dieser im Alltag durchaus ein Thema ist, lebt zwar in einer äußerst entspannten Scheinwelt. Er beraubt sich aber damit gleichzeitig der Möglichkeit, eine Auseinandersetzung womöglich abzuwenden. Denn wie soll man etwas verhindern, das vorgeblich gar nicht existiert?

Ein furchtbares Beispiel dafür, wie sich diese Art der Ignoranz auswirken kann, lieferten die Ereignisse des 11. Sep-

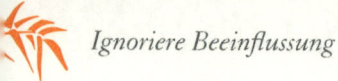

tember 2001. Am Morgen dieses Tages hatten Terroristen zwei Passagierflugzeuge in ihre Gewalt gebracht und in die beiden Türme des New Yorker World Trade Center gelenkt. Kurz darauf erfuhr die Bodenkontrolle, dass auch ein drittes Flugzeug in der Hand von Entführern war. Umgehend kontaktierten sie den Piloten der betroffenen Maschine und setzten ihn über die Situation in Kenntnis. Sie forderten ihn auf, unter allen Umständen die Cockpittür versperrt zu halten und auf keinen Fall seinen Platz zu verlassen. Der Pilot jedoch wollte die Situation nicht wahrhaben. Statt die Warnung ernst zu nehmen und entsprechend zu handeln, ersuchte er die Flugkontrolle, den Vorfall noch einmal zu bestätigen. Eine Fehlentscheidung aus Ignoranz, die außer den Piloten noch 43 weitere Menschen das Leben kosten sollte: Als nämlich die Bestätigung über Funk kam, war es bereits zu spät. Die Entführer hatten inzwischen das Cockpit gestürmt und brachten die Maschine später zum Absturz.

*Wer vor einer Entscheidung nicht bereit ist,
sich mit der Wirklichkeit auseinanderzusetzen,
ist angreifbar und leicht verwundbar.*

Selbst wenn es einfacher und bequemer ist, Glaubensprinzipien aufrechtzuerhalten und sie als Basis einer Entscheidung heranzuziehen, sollten Sie das unbedingt vermeiden. Trainieren Sie Ihren »inneren Beobachter«, Sie zu unterstützen, den Blick auf die Wirklichkeit nicht zu verlieren und sich mit den Tatsachen auseinanderzusetzen – was immer Ihnen auch begegnet.
Denken Sie daran:

Machen Sie Ihr Verhalten nicht vom Handeln und Entscheiden anderer Menschen abhängig.

Ich selbst war lange Zeit der Meinung, für vieles einen Unterstützer zu brauchen. Wollte ich einen Termin bei einem Firmenchef, um diesem meine Seminare anzubieten, war mein Weg nicht der zum Telefon, um das Unternehmen direkt zu kontaktieren. Vielmehr habe ich jemanden anderes gebeten, dort einen Termin für mich zu vereinbaren. Zwar ging das in einigen wenigen Fällen gut. Meistens kam jedoch heraus, was herauskommen musste: nichts. Und das nicht etwa aus Bösartigkeit oder Unwillen. Es ist vielmehr einfach so, dass andere Menschen naturgemäß erst einmal an sich denken und fremde Bedürfnisse hintanstellen. So traf ich nach vielen Enttäuschungen endlich den Entschluss, die Sache selbst in die Hand zu nehmen. Ich wollte nicht mehr warten, dass und ob irgendwer etwas für mich tut. Und von dem Tag meiner Entscheidung an liefen die Dinge besser, als ich es je geträumt hätte. Wer möchte, dass etwas geschieht, so die Lehre, die ich aus dieser Sache gezogen habe, darf nicht darauf warten, dass ein anderer es für ihn tut.

Sicherer ist es, selbst dafür zu sorgen, dass etwas geschieht.

Nicht immer aber ist es so offensichtlich, warum wir uns selbst negativ beeinflussen. Manchmal reicht ein kleiner äußerer Anreiz, den wir nicht einmal als solchen erkennen, und schon lügen wir uns selbst etwas vor.
Nehmen wir an, Sie brauchen von einer Sache garantiert allerhöchstens ein Stück. Im Supermarkt aber entdecken

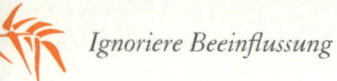

Sie, dass es gerade ein unwiderstehliches Angebot gibt: Kaufen Sie ein Stück, und Sie bekommen ein zweites für sehr wenig Geld dazu! Ganz ehrlich: Verzichten Sie wirklich? Selbst wenn die Ermäßigung über neunzig Prozent beträgt? Oder denken Sie in diesem Fall, dass sich schon irgendeine Verwendung für das zweite Stück finden wird?

Manipulation entgehen

Doch noch sind nicht alle Hürden genommen, die wir uns selbst in den Weg stellen. Eine andere Ursache für Eigenmanipulation machen wir uns nur selten bewusst:

Unser Gehirn ist faul und versucht, Arbeit zu sparen, wo immer das möglich ist.

Mit der unangenehmen Konsequenz, dass wir fast immer das sehen, was wir sehen wollen, aber nur ganz selten das wahrnehmen, was wirklich ist. In Shaolin sagt man: Es gibt Dinge, die ich sehe, Dinge, die du siehst, und solche, die wir beide nicht sehen.

Daher gibt es drei Wahrheiten:
meine Wahrheit, deine Wahrheit und die Wahrheit.

Eine Aussage übrigens, über die ich schon viele Diskussionen geführt habe. Ist denn, so werde ich oft gefragt, die Wahrheit nicht immer das, was ich sehe? Ist Wahrheit nicht für jeden Menschen subjektiv? Wer so fragt, der verwechselt Wahrheit mit Wahrnehmung. Aber alleine die Idee hinter dieser Frage zeigt schon, wie wenig die meisten Menschen bereit sind, zu sehen, was wirklich ist. Natürlich ist es eine zutiefst menschliche Eigenschaft, auszuwählen, zu verallgemeinern und zu urteilen. Könnten wir Dinge nicht in Gruppen einteilen und entsprechend mit Merkmalen versehen, unser Gehirn würde wohl bald explodieren. Daher ist jeder von uns, und da nehme ich mich keineswegs aus, voller vorgefasster Meinungen und Vorurteile. Das ist grundsätzlich weder gut noch schlecht. Es ist eine simple Tatsache, die uns manches erst ermöglicht. Werden diese Vorurteile aber vor Gebrauch nicht überdacht, entwickeln sie die unangenehme Eigenschaft, sich zu verselbständigen und eine eigenständige Entscheidungsfindung zuverlässig zu verhindern.

Sie mögen sich für einen reflektierten Menschen halten, und Sie mögen durchaus auch einer sein. Aber würden Sie wirklich jemals etwas tun, das streng verboten ist? Wohl kaum, oder?

Haben Sie sich aber schon jemals überlegt, wer eigentlich das Recht haben könnte, zu bestimmen, was ein anderer darf und was nicht? Und wer eigentlich durch eine sogenannte »Erlaubnis« einem anderen die Verantwortung für dessen Entscheidungen abnehmen kann? Wenn jemand betrunken bei einem Unfall den Tod anderer Menschen verschuldet, dann interessiert mich einfach nicht, ob er die behördlich genehmigte Promillegrenze überschritten hat oder nicht. Niemand kann einem anderen Menschen erlauben, sich in einen Zustand zu versetzen, in dem er seinen Mitmenschen schadet. Und doch darf der Betrunkene mit weit mehr gesellschaftlichem Verständnis rechnen, als hätte er in der gleichen Situation unter Drogen gestanden.

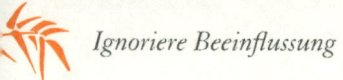

Das ist doch verboten …! Verstehen Sie, worauf ich hinaus möchte?

Wer gute Entscheidungen treffen will, muss lernen,
dass zu wissen wichtiger ist, als zu werten. Er muss verstehen,
jede Idee für sich alleine zu betrachten, sie zu hinterfragen
und aus ihrem Umfeld herausgelöst zu sehen.

Hören Sie auf, nach vorgegebenen Maßstäben zu urteilen, und Sie werden plötzlich mit Erstaunen feststellen, dass Sie von Massenmördern genauso etwas lernen können wie von Polizisten, Richtern oder von Mitgliedern der Mafia.

Denn gerade vom Gegner, das wusste schon Aristoteles,
kommt uns häufig guter Rat.

Für einen Angreifer aber sind Glaubenssätze und Vorurteile eine wichtige Möglichkeit, Menschen effizient zu manipulieren und in seinem Sinn zu beeinflussen. Denken Sie nur daran, wie selbstverständlich in manchen Teilen der USA die Todesstrafe akzeptiert wird. Wie aber würden Sie entscheiden? Glauben Sie eher der Unschuldsbeteuerung eines verurteilten Mörders, oder vertrauen Sie auf das Urteil der Geschworenen? Finden Sie bitte vor dem Weiterlesen eine Antwort. Falls der verurteilte Mörder in Ihren Augen schuldig ist: Wie kommen Sie zu der Annahme, dass die Aussagen bestimmter Menschen richtiger oder wahrer sind als die von anderen?
Über genau diese Frage habe ich einmal mit meinem bereits erwähnten Juristenfreund gesprochen, und seine Antwort

hat mir die Augen geöffnet. »Du wirst«, so hat er gemeint, »nicht hingerichtet, weil du jemanden getötet hast. Du wirst exekutiert, weil in einem Verfahren festgestellt wurde, dass du einen Mord begangen hast.«

Schulen Sie Ihren »inneren Beobachter« darin,
eigene Urteile zu fällen.

Schließlich gibt es Glaubenssätze überall, nicht nur in der Welt von Recht und Moral. Denken Sie an das Konzept von Himmel und Hölle oder an ein mit Jungfrauen gefülltes Paradies, das Mörder bestimmter Religionszugehörigkeit angeblich bei ordnungsgemäßer Tatausführung erwartet. Oder denken Sie an das auf vielen Plakaten beworbene Glück junger Familien, die gerade den richtigen Kreditvertrag unterschrieben haben. Sind sie alle nicht nur zu einem Zweck erdacht? Sie sollen Entscheidungen anderer Menschen im Interesse der Manipulatoren beeinflussen.

Die Frage, wie man dieser Selbstbeeinflussung entgehen kann, ist nicht neu. Schon seit vielen Generationen stellen wir Menschen uns die Aufgabe, unabhängig von Vorurteilen zu entscheiden. So findet sich bereits im Kanon von Shaolin die folgende Anweisung Siddhartha Gautamas verewigt: »Glaubt nicht dem Hörensagen und heiligen Überlieferungen, nicht Vermutungen oder eingewurzelten Anschauungen, auch nicht den Worten eines verehrten Meisters; sondern was ihr selbst gründlich geprüft und als euch selbst und anderen zum Wohle dienend erkannt habt, das nehmet an.«

Vielleicht stellen Sie sich jetzt die Frage, wie genau Sie denn prüfen können, ob Sie einem Glaubenssatz folgen oder einer echten Erkenntnis? Das ist eigentlich ganz einfach: Überlegen Sie, ob Sie jemals von alleine auf die Annahme gekommen wären, dass sich eine Sache so und nicht anders verhält. Falls nicht, war die Annahme nicht Ihre eigene und sollte daher nochmals gründlich durchdacht werden, bevor Sie Ihre Entscheidung davon abhängig machen. Oder hätten Sie wirklich von sich aus angenommen, dass der Papst unfehlbar ist, ein Notar niemals lügt, Gott Shiva vier Arme hat oder dass Eigenlob stinkt? Wären Sie je von selbst auf solche Ideen gekommen? Falls nicht, sollten Sie unbedingt prüfen, ob hier nicht jemand die Technik der Manipulation nutzt, um Ihre Entscheidungen – und damit auch Ihre Handlungen – in seinem Sinn zu beeinflussen.

Führen Sie sich bitte immer wieder vor Augen, wie oft wir uns beeinflussen lassen. Von der Art der Präsentation, von der Art der Darstellung – oder auch nur vom Absender.

Denn auch wenn ein Arzt Ihnen ein rezeptpflichtiges Medikament verschreibt, sollten Sie Ihren Verstand gebrauchen. Kann es sein, dass es keinesfalls eingenommen werden darf, wenn man gegen Wirkstoff XY allergisch ist? Kein Arzt der Welt kann aber ohne einen Test Ihre Allergien kennen. Oder blenden Sie das lieber aus, weil der Arzt Ihres Vertrauens es Ihnen verschrieben hat?

Ein Kämpfer, so lehrt man in Shaolin,
darf sich ausschließlich auf die eigene
Wahrnehmung verlassen und niemals die Meinung oder
die Einschätzung anderer ungeprüft übernehmen.

Schließlich ist am Ende niemand anderer für den Ausgang des Kampfes verantwortlich als er selbst.

Entscheiden Sie daher nicht aufgrund von Emotionen, nicht aus Prinzip, nicht aus Nachahmung und schon gar nicht aus Gier. Hören Sie immer auf Ihren inneren Beobachter, und sehen Sie die Wahrheit gerade auch dort, wo Sie lieber wegschauen möchten: Dort, wo sie bitter ist.

ÜBUNGEN

Für welche Art von Beeinflussung sind Sie am empfänglichsten?
Warum?

....

Welchen Nutzen haben Menschen davon, zu glauben,
andere könnten sie manipulieren?

....

Wann haben Sie das letzte Mal – vermeintlich beeinflusst –
eine Entscheidung getroffen?

....

Was war der tatsächliche Grund für diese Entscheidung?

....

Würden Sie in der gleichen Situation wieder genauso handeln?

....

Wo waren Sie nicht bereit, die Wahrheit zu sehen?
Welche Konsequenzen hat das gehabt?

....

Ein Mann, der unterwegs
von plötzlichem Regen
überrascht wird, rennt die
Straße hinunter, um nicht
nass und durchtränkt zu
werden. Wenn man es aber
einmal als natürlich hinnimmt,
im Regen nass zu werden,
kann man mit unbewegtem
Geist bis auf die Haut
durchnässt werden.
Diese Lektion
gilt für alles.
(aus dem Hagakure)

3. Lerne zu scheitern

*Unser größter Ruhm liegt nicht darin, niemals zu
fallen, sondern immer wieder aufzustehen, wenn wir
gescheitert sind.*

(Konfuzius)

Lerne, dass du die Möglichkeit des Scheiterns nicht aus der Welt schaffen, aber bewusst in deine Entscheidungen einbeziehen kannst

Ein Shaolin-Prinzip des Scheiterns? Was haben ausgerechnet die legendären Kampfmönche damit zu tun? Shaolin-Mönche und Scheitern? Sind sie denn nicht unbesiegbar? Natürlich sind sie das. Aber nichtsdestotrotz sind auch sie gescheitert. Viele sind verletzt worden, manche sogar im Kampf gestorben. Am Ende aber war es gerade die Fähigkeit und die Bereitschaft zu scheitern, die Shaolin und seine Mönche zu dem gemacht haben, was sie waren und sind. Denn Scheitern, so lernt in Shaolin jeder Novize, ist keine Schwäche. Nicht scheitern zu können hingegen schon. Ist aber die Gefahr nicht groß, dass man gerade deshalb scheitert, weil man die Möglichkeit des Scheiterns akzeptiert und es dadurch wie eine selbsterfüllende Prophezeiung gleichsam automatisch eintritt? Sollte man nicht besser davon ausgehen, dass ohnehin alles so funktionieren wird, wie man es sich vorstellt? Ist es nicht besser, gar nicht erst an Scheitern zu denken?

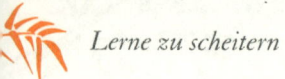

Diese Fragen scheinen auf den ersten Blick vielleicht logisch und auch verständlich. Doch betrachten wir sie einmal genauer: Angenommen, alle Menschen auf dieser Welt lebten mit der Einstellung, alleine die Beschäftigung mit der Möglichkeit des Scheiterns rufe genau dieses hervor. Also bloß nie anstoßen! Die erste logische Konsequenz wäre aber, alle Notfallszenarien abzuschaffen. Notausstiege oder Evakuierungspläne im Flugzeug? Um Gottes Willen, das führt zu Abstürzen! Notfallmedikamente auf einer Reise mit sich führen? Wollen Sie denn wirklich krank werden? Sich gegen Invalidität versichern? Stellen Sie sich ein Leben im Rollstuhl so schön vor, dass Sie das Schicksal unbedingt herausfordern möchten?

So funktioniert die Sache nicht. Richtig ist vielmehr das Gegenteil: Die Möglichkeit des Scheiterns nicht in unsere Überlegungen und Entscheidungen einzubeziehen, ist meiner Meinung nach nicht »positiv vorausschauend«, sondern schlicht und einfach dumm.

Niederlagen gehören nun einmal zum Leben wie Siege.

Und wer mit einem von beiden nicht umzugehen versteht, wird zwangsläufig untergehen.

Folgen Sie mir bitte zurück in die Vergangenheit von Shaolin. Sie wissen, dass die Mönche dieses Klosters zu den besten Kämpfern gehörten, die jemals gelebt haben. Manche ihrer Aktionen sind so legendär, dass man bis heute von ihnen erzählt. Darunter ist auch ein Ereignis aus dem Jahr 728, auf das ich mich gerne beziehe. Dreizehn klösterliche Gesandte besiegten damals mit Hilfe der Bevölkerung eine Armee von 20 000 Soldaten und befreiten den Kaiser aus der Gefangenschaft eines aufständischen Generals. Und ich bin mir sicher, keiner der dreizehn hat, trotz der fast übermenschlichen Fähigkeiten, mit denen sie ausgestattet waren, auch nur für eine Sekunde die Möglichkeit des Scheiterns aus den Augen verloren. Denn niemand ist unbesiegbar. Das wusste man gerade in Shaolin. Und nichts ist für einen Kämpfer gefährlicher, als sich selbst für unbesiegbar zu halten. Denn was tut der vermeintlich Unbesiegbare, wenn er plötzlich schwer verletzt am Boden liegt?

Die Gefahr der Ignoranz

Wer jedoch die Möglichkeit des Scheiterns nicht in seine Überlegungen und Handlungen einbezieht, der gefährdet nicht nur sich selbst. Stellen wir uns einen Anführer vor, der sich für unsterblich hält und daher keine Regelung für den Fall seines Todes trifft. Wozu denn auch? Was aber, wenn nun unser großer Kämpfer entgegen seinen eigenen Erwartungen mitten im Kampf durch eine feindliche Kugel stirbt? Dann stehen seine Leute plötzlich ohne Führer da und können nur hoffen, einen Plan für genau diesen Fall erstellt zu haben. Anderenfalls sind sie Freiwild für den Feind.

Wir müssen aber gar nicht in den Krieg ziehen, um Beispiele für diese gern unterschätzte Problematik zu finden. Denken Sie nur an die vielen Firmenbosse, die ihre Nachfolge nicht regeln und so ganze Unternehmen zerstören. Oder ein weitaus folgenreicheres Beispiel: Galten japanische Atomkraftwerke nicht bis vor kurzem als unzerstörbar, auch und gerade unter Experten? Wer hätte da gewagt, den Anspruch zu stellen, für ein Unfallszenario vorzusorgen? Dass es am Ende ausgerechnet die vermeintlich kontrol-

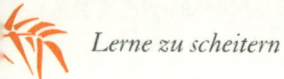

lierte Natur selbst war, von der die Spezialisten eines Besseren belehrt wurden, mag ironisch erscheinen. Doch viele Menschen haben ihr Leben verloren, weil genau jener Fall der Fälle eingetreten war, den zuvor niemand durchdacht hatte. Welche Ironie des Schicksals, dass einmal mehr jene, die die Möglichkeit des Scheiterns ignoriert hatten, am Schluss selbst am wenigsten von ihrem Versagen betroffen waren.

Warum aber tun wir uns so schwer,
für ein Scheitern vorzusorgen?

Einer der Hauptgründe ist meiner Meinung nach der menschliche Hang zur Bequemlichkeit. Haben wir uns einmal entschieden, etwas auf die eine oder andere Art zu machen, dann ziehen wir das durch. Selbst wenn sich schnell herausstellt, dass es am besten wäre, das Ganze augenblicklich zu stoppen, zögern viele Menschen die Erkenntnis ihres Scheiterns so lange wie irgend möglich hinaus. Und häufig gehen sie weitere unnötige Risiken ein, nur um ihr Scheitern nicht sehen zu müssen.

Stellen Sie sich zum Beispiel einmal vor, dass Sie mit dem Auto in einer unbekannten Gegend unterwegs sind. Sie haben es eilig und beschließen daher, eine Nebenstraße zu nehmen, die laut Plan eine Abkürzung ist. Nach einigen Kilometern verwandelt sich plötzlich die anfangs noch gute Straße in einen Schotterweg. Allmählich beschleicht Sie das unangenehme Gefühl, dass es die falsche Abzweigung war, und Sie sehen vor Ihrem inneren Auge das Auto schon mit gebrochener Achse im Graben liegen. Gleichzeitig aber sind Sie sich sicher, dass Sie sich beim Kartenlesen nicht geirrt haben. Jedenfalls sind Sie nicht bereit, sich diesen Fehler einzugestehen. Daher reden Sie sich lieber ein, dass auch dieser Weg mit Sicherheit ebenso zu der großen Straße führen wird wie der, den Sie ursprünglich nehmen wollten. Allein der Gedanke, jetzt den Weg wieder zurückfahren zu müssen! Statt also umzudrehen, fahren Sie so lange weiter, bis ein Acker Ihnen unwiderruflich klarmacht, dass Sie das Ende der Straße erreicht haben. Die Tatsache lässt sich nicht länger verleugnen, dass Sie sich geirrt haben. Mit etwas Glück haben Sie nur Zeit und Sprit vergeudet, im schlimmsten Fall handeln Sie sich größere Probleme ein. Dieser böse Mechanismus greift aber weit häufiger, als Sie jetzt vielleicht spontan glauben möchten. Lassen Sie mich das an einem weiteren Beispiel deutlich machen: Nehmen wir an, Sie sind Bergsteiger und haben sich die letzten fünf Jahre darauf vorbereitet, einen der schwierigsten Berge der Welt zu besteigen. Vieles haben Sie in dieser Zeit hintangestellt, auf vieles verzichtet. Ihr einziges Ziel war der Gipfel und der mit ihm verbundene Ruhm. Jetzt ist es endlich so weit: Sie brechen vom letzten Zwischenlager zum Gipfelsturm auf! Alles scheint perfekt. Das Wetter ist sehr kalt, aber klar, und Sie kommen Meter um Meter Ihrem Ziel näher. Sie blicken nach oben: Keine 200 Meter über Ihnen liegt, wofür Sie die letzten fünf Jahre gelebt und geschuftet haben: der Gipfel! Schritt für Schritt geht es weiter. Mit Entsetzen stellen Sie plötzlich fest, dass das Wetter sich ändert. Wolken ziehen auf, der Himmel verdunkelt sich. Alles sieht nach einem heftigen Sturm aus. Tapfer kämpfen Sie sich dennoch weiter. Sie schaffen es doch bestimmt noch! Aber das Wetter verschlechtert sich beinahe minütlich, und als Sie keine zwanzig Meter mehr vom Gipfel ent-

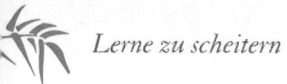

fernt sind, setzt so starker Schneefall ein, dass Sie Ihr Ziel nicht einmal mehr erkennen können. Ihnen ist klar: Brechen Sie jetzt ab, war alles umsonst. Die nächste Möglichkeit, auf den Gipfel zu gelangen, bietet sich frühestens in zwei Jahren – wenn Sie überhaupt noch einmal das Geld für eine Expedition aufbringen können. Gleichzeitig wissen Sie, dass der Weg zum Gipfel und eine kurze Rast Sie mindestens noch eine Stunde Zeit kosten werden. Zu viel Zeit angesichts der Wetterlage. Es droht die Gefahr, dass Sie den Berg nicht mehr lebend verlassen.

Versetzen Sie sich doch bitte einmal in diese Situation. In Ihrem Kopf kämpfen zwei Stimmen: Die eine rät dringend zur Umkehr, die andere drängt zum Weitergehen. Sicher beruhigt sich das Wetter bald wieder. Hören Sie die beiden Stimmen? Dann denken Sie bitte kurz nach und sagen mir: Welche Stimme gewinnt?

Entscheiden Sie sich wirklich dafür, das Unternehmen abzubrechen und umzudrehen? Bei diesen Konsequenzen? Oder gehen Sie das Risiko ein und bringen die letzten Meter doch noch hinter sich?

Natürlich ist das jetzt ein vermeintlich extremes Beispiel. Aber ganz so wirklichkeitsfern, wie es Ihnen scheinen mag, ist es nun auch nicht. Vielleicht sind Ihre Gipfel, an denen Sie nicht scheitern können, keine Achttausender. Es sind aber alle jene Situationen, in denen Sie auch dort noch weitergehen, wo Sie eigentlich lange umdrehen sollten.

Wer sich entscheidet, eine Sache um alles in der Welt zu Ende zu führen, nur weil er auf dem Weg dorthin schon zu viele Opfer gebracht hat, um jetzt noch abzubrechen, sollte bedenken: Hier handelt es sich um eine der denkbar ungünstigsten Entscheidungsmotivationen, die es gibt.

Machen Sie sich doch bitte kurz die Mühe, und denken Sie an die letzte Entscheidung, die Sie wider besseres Wissen durchgezogen haben, um sich Ihr Scheitern nicht eingestehen zu müssen. Was hat es Sie gekostet? Was hat Sie daran gehindert, rechtzeitig aufzugeben? Was hat Sie am Ende doch zum Umdenken gebracht? Immer wieder werde ich gefragt, ob und wie sich denn nun das Überdenken von Entscheidungen mit dem Shaolin-Prinzip der Entschlossenheit vertrage. Muss man denn nicht zu einer einmal getroffenen Entscheidung stehen? Nein, muss man nicht.

Grundsätzlich gilt, dass eine Entscheidung, so richtig sie in dem Moment, in dem sie getroffen wird, auch sein mag, immer nur in ebendiesem Moment ihre Richtigkeit hat.

Denken Sie nur an den Bergsteiger: Er würde wohl kaum das Basislager verlassen, wenn sich bereits in diesem Augenblick ein Unwetter abzeichnete. Zum Zeitpunkt des Aufbruchs ist der Gipfelsturm also richtig. Muss er ihn aber deshalb auch dann durchziehen, wenn er dabei den Tod findet?

Kein Kämpfer muss auch dann an einem Kampf festhalten, wenn der Gegner Verstärkung holt. Entschlossen zu sein bedeutet lediglich, keine halben Sachen zu machen.

Also die Dinge im Moment der Entscheidung entweder ganz zu tun oder gleich zu lassen.
Auch bei Schwertkämpfer Musashi findet sich dieser Gedanke. »Wenn du das Schwert ziehst«, heißt es sinngemäß im Buch der fünf Ringe, »dann musst du innerlich bereit

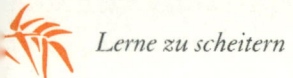

sein, den Gegner zu töten. Andernfalls lasse das Schwert stecken.« Diese innerliche Bereitschaft lässt aber auch Raum, seine Entscheidung zu überdenken, sei es, weil plötzlich Informationen auftauchen, die zum Zeitpunkt der Entscheidung noch nicht verfügbar oder noch nicht absehbar waren. Oder weil wir die bereits getroffene Entscheidung als falsch erkennen. Auch das soll ja vorkommen.

Stellt sich eine Entscheidung als falsch heraus, dann gibt es weder etwas zu relativieren noch sich schönzulügen. Dann heißt es, umgehend eine neue Entscheidung zu treffen.

Stellen Sie sich vor, ein junger Kung-Fu-Schüler tritt zu seinem ersten Kampf an. Sein Shaolin-Meister hat ihn einige Male gefragt, ob er sich für dieses Kräftemessen wirklich schon bereit fühle, und immer hat der Schüler dies überzeugt bejaht. Als er aber auf den Kampfplatz kommt und seinen Gegner sieht, erschrickt er: Der Kontrahent ist eineinhalb Köpfe größer als er und zumindest dem Aussehen nach doppelt so stark. Der Schüler blickt zu seinem Meister, der stolz lächelt und ihm aufmunternd zunickt. Versetzen Sie sich bitte einmal in den jungen Kämpfer, und versuchen Sie nachzuvollziehen, was sich in seinem Kopf wohl abspielt. Sollte er seine Entscheidung überdenken? Was passiert, wenn er dem Meister seinen Rückzug ankündigt und so sein Scheitern eingesteht? Und was, wenn er den Kampf verliert?

Falsche Entscheidungen loslassen

Viele Menschen empfinden es als persönliches Versagen, wenn sich eine Entscheidung als falsch herausstellt. Sie halten lieber an einem offensichtlich falschen Entschluss fest, als zu sagen:»Gut, war eben nichts. Vielleicht hätte ich es wissen sollen, vielleicht hätte ich es wissen können, vielleicht habe ich es sogar gewusst. Wie auch immer: Hier und jetzt ist das jedenfalls keine gute Idee, und ich werde mir etwas Neues überlegen. Ich muss eine neue Entscheidung treffen.« Mal ehrlich: Wo wäre da das Problem?

Lernen Sie, in Würde zu scheitern.

Wir haben das meist ebenso wenig von Haus aus mitbekommen wie das Treffen von Entscheidungen überhaupt. Aber machen Sie sich bewusst, dass es nichts hilft, an einer Idee festzuhalten, die sich als falsch herausgestellt hat. Auch wenn Sie Ihr Scheitern nicht zugeben können, unterliegen Sie einer ziemlich üblen Form der Selbstbeeinflussung.

Weiter vorne habe ich geschrieben, dass überall dort, wo man sich mit der Kunst des Kampfes und des kampflosen Sieges beschäftigt, Angst der größtmögliche Gegner und schlimmste Feind zugleich ist. Das galt besonders bei den Samurai, jenen japanischen Elitesoldaten, die an Kampfkraft wohl den Kämpfern aus Shaolin ebenbürtig waren. Berühmt und gefürchtet waren die Samurai aber vor allem für ihre tödliche Entschlossenheit, die wohl darauf zurückzuführen war, dass für diese Krieger Scheitern keine Schande, sondern Teil des großen Ganzen war. Und wer ganz bewusst bereit dazu ist, wo immer nötig zu scheitern, der hat auch keine Angst mehr, wenn es wirklich passiert.

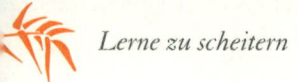

Selbst der Tod war für einen Samurai nichts als eine Form des Scheiterns, die er hinzunehmen hatte. Der Tod war gleichsam ein Teil des Spiels, den es anzunehmen galt, statt ihn zu fürchten. Ein Samurai starb vor jeder Schlacht einen symbolischen Tod, so dass er auf dem Schlachtfeld nichts mehr zu verlieren hatte. Mit dem Leben hatte er bereits abgeschlossen. So heißt es im Ehrenkodex der Samurai: »Stell dir jeden Morgen aufs Neue vor, dass du bereits tot bist. Halte dich jeden Morgen, wenn dein Geist friedvoll ist, ohne Unterlass für tot, denke über verschiedene Arten des Todes nach, stelle dir deine letzten Augenblicke vor, wie du von Pfeilen, Kugeln und Schwertern in Einzelteile zerfetzt wirst, von einer Woge weggespült wirst, in ein rasendes Feuer springst, von einem Blitz erschlagen wirst, in einem großen Erdbeben untergehst, von einer schwindelerregenden Klippe stürzt, an einer tödlichen Krankheit leidest oder plötzlich tot umfällst. Ich hörte einen Älteren sagen: ›Nur einen Sprung vom Dachgesims des eigenen Hauses entfernt, findet man sich von toten Körpern umgeben; einen Schritt von der Haustür entfernt, trifft man auf Feinde.‹« Mit diesen Worten wollte der Verfasser in den Zuhörern die geistige Haltung wecken, sich mit dem Gedanken an die eigene Sterblichkeit vertraut zu machen.

Vertraut sein mit den schlimmstmöglichen Folgen eines Entschlusses bedeutet aber umgekehrt nicht, an diesem auch bis in den Tod festzuhalten.

Ich möchte an dieser Stelle aber auch noch auf etwas anderes ganz ausdrücklich hinweisen: Die Bereitschaft zu Scheitern meint nicht, an sich oder den eigenen Fähigkeiten zu zweifeln. Darum geht es überhaupt nicht. Wenn es auch viele Menschen nicht wahrhaben wollen, entziehen sich häufig Umstände unserer Kontrolle.

Anders gesagt: Wir scheitern nicht immer am eigenen Unvermögen. So ist auch der beste Autofahrer der Welt nicht gegen Bremsversagen gefeit. Manchmal machen uns eben Umstände einen Strich durch die Rechnung, auf die wir nicht einmal in unseren kühnsten Träumen gekommen wären.

Ein Beispiel? Ihnen ist wahrscheinlich bekannt, dass das Weihnachtsgeschäft für den Handel einer der wichtigsten Umsatzbringer ist. Daher wird es auch entsprechend gut vorbereitet. In Umfragen versucht man festzustellen, was die Kunden speziell nachfragen werden, um die gewünschten Waren rechtzeitig und in ausreichender Menge bevorraten zu können.

Nehmen wir jetzt nur einmal an, der Großhandel könnte die bestellten Waren nicht liefern. Ein Szenario, das nach dem Tsunami in Japan für viele Computerhändler unvermutet Wirklichkeit geworden ist. Nach dem Erdbeben und dem darauffolgenden Tsunami wurde der Strom knapp, die Energie der heruntergefahrenen oder zerstörten Atomkraftwerke fehlte. Die Folge waren nicht nur eine Verteuerung und Verknappung der Produkte, sondern bis nach Europa spürbare Lieferausfälle.

Ein Händler, der nun im Weihnachtsgeschäft Umsatzeinbußen verzeichnen musste, konnte mit Fug und Recht sagen, dass er das nicht hatte vorausahnen können. Aber ein Händler, der mit dem Scheitern seiner Pläne rechnet, hatte vielleicht doch noch Möglichkeiten in der Hinterhand und konnte flexibel umsteuern.

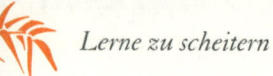

Tatsache ist, dass, wer nicht bereit
oder nicht in der Lage ist zu scheitern,
sehr wahrscheinlich falsche Entscheidungen trifft.

Warum das so ist? Nun, zunächst einmal sind Menschen, die verkrampft versuchen, die Möglichkeit des Scheiterns zu verdrängen, naturgemäß viel anfälliger für Eigenmanipulation. Sie tendieren eher dazu, sich etwas schönzureden.

Stellen Sie sich einmal vor, Sie wären auf dem Sprachensektor völlig unbegabt. Trotz allem meinen Sie aber, unbedingt eine Fremdsprache studieren zu müssen. Sei es, weil der Großvater auf diesem Gebiet ein Genie war, sei es, weil Sie glauben, Ihrem Partner oder sonst jemandem etwas beweisen zu müssen. Wären Sie nun in der Lage zu scheitern, spätestens die erste Prüfung würde Ihre fehlende Begabung offenbar werden lassen, und Sie würden der Zeitverschwendung ein Ende machen. Sind Sie jedoch nicht bereit, sich Ihr Scheitern einzugestehen, werden Sie die Schuld für Ihren mangelnden Erfolg bei unfairen Prüfern, schlechten Referenten, zu schwierigen Fragen, einem Studium, das an der Praxis vorbeigeht, oder bei weiß Gott was suchen. Es liegt eben an allen – nur nicht an Ihnen.

Das Scheitern akzeptieren

Gleichgültig, wie gut eine getroffene Entscheidung auch sein mag, die Möglichkeit des Scheiterns ausschließen kann man nie.

Wer lernen möchte, gute Entscheidungen zu treffen, sollten versuchen, das Scheitern als Teil des Lebens zu sehen. Mit Verbissenheit kommt man nicht weiter.

*Sie sollten die Möglichkeit des Scheiterns
an jeder Stelle eines Plans mit einbeziehen.*

Nur wenn man sich mit allen Facetten einer Entscheidung vertraut macht, kann man ruhig und souverän handeln, falls etwas Unvorhergesehenes passiert. Mit etwas Glück tritt dieser Fall ja nie ein. Selbst die erfolgreichsten Kämpfer trainieren nicht für den Moment des Sieges, sondern für die Möglichkeit der Niederlage. Und auch Rettungsmannschaften üben bekanntlich vor dem Einsatz.

Ein lieber Freund, der seit vielen Jahren als Kapitän einer großen Fluggesellschaft tätig ist, hat mir einmal folgenden Rat gegeben: Sobald du in einem Flugzeug deinen Platz eingenommen hast, gewöhne dir an, sofort die Reihen zum nächsten Notausgang zu zählen. Merke dir, in welche Richtung du im Notfall gehen musst. Sieh dich vor deinem geistigen Auge durch den Rauch kriechen, ganz dicht am Boden, halb wahnsinnig vor Atemnot und Angst, und stell dir vor, wie du dich Reihe um Reihe in Richtung Freiheit tastest. Die meisten Menschen, so weiß man nämlich aus Untersuchungen, sterben bei Flugzeugunglücken nicht, weil sie die falschen Entscheidungen treffen. Sie sterben, weil sie gar nichts entscheiden und brav angeschnallt auf ihrem Platz sitzend auf Anweisungen warten.

Ich erinnere mich daran, dass ich einmal meinen Sitznachbarn gefragt habe, ob er eigentlich wisse, wie in einem

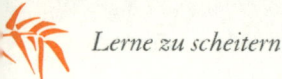

Notfall die Flugzeugtür zu öffnen wäre. »Nein«, kam prompt zur Antwort, »aber wozu auch? Dafür gibt es doch ohnehin das Kabinenpersonal, das für solche Fälle ausgebildet ist!« Für diesen Herrn existierte die Möglichkeit nicht, dass auch Flugbegleiter im Falle einer Notlandung durchaus tot, schwerstverletzt oder sonst irgendwie unabkömmlich sein können. Es wird Sie sicher nicht erstaunen, wenn ich Ihnen erzähle, dass auch der Steward auf die gleiche Frage mit Befremden reagiert hat.

Hat man sich aber einmal mit der Idee des Scheiterns vertraut gemacht, hat man einen gewaltigen Vorteil.

Ich möchte Sie an dieser Stelle weder ängstigen, noch Ihre Ängste verstärken. Ich will Sie vielmehr auffordern, Ihre Angst zu überwinden, sich vorab mit dem schlimmsten Fall vertraut zu machen. Dann fällt auch Ihre Entscheidung im Ernstfall schnell, und Ihre Reaktionen sind geübt und entschlossen.

Vergessen Sie nicht, dass sich das Verhalten anderer Menschen unserem Einfluss entzieht. Sobald andere involviert sind, können auch die besten Pläne zum Scheitern verurteilt sein. Das ist nicht schön, aber wahr.

Auch sollten Sie mittlerweile verstanden haben, dass die Fähigkeit zu scheitern nicht mit der Erwartung verwechselt werden darf, dass etwas schiefgeht.

Wenn Sie im Auto die Gurte anlegen, tun Sie das ja schließlich auch nicht in der Annahme, in einen schweren Unfall verwickelt zu werden. Sie möchten lediglich für den Fall des Falles geschützt sein. Schließlich können Sie noch so vorsichtig fahren, gegen einen Überholer, der Ihnen bei einem rücksichtslosen Manöver auf Ihrer Spur entgegenkommt und Ihnen frontal in die Motorhaube knallt, sind Sie machtlos. Ich betone das hier so sehr, weil es Fakt ist, dass Menschen grundsätzlich dazu tendieren, eher einen schlechten Ausgang einer Situation anzunehmen als einen guten zu erwarten. Vielleicht hat das damit zu tun, dass uns das Scheitern vermeintlich leichter fällt, wenn wir schon von vorneherein fest damit gerechnet haben.

Sicher ist aber, dass genau diese Art zu denken fast zwangsläufig zum Scheitern führt. Schließlich beeinflusst sie unsere Entscheidungen und am Ende auch unser Handeln.

Keine Gewohnheitsentscheidungen treffen

Weiter vorne habe ich Ihnen gezeigt, dass Menschen ganz automatisch dazu neigen, Sachverhalte zu bewerten. Da dieser Vorgang unbewusst abläuft, treffen wir oft ganz spontan Entscheidungen, deren Zustandekommen wir eigentlich nicht erklären können. So würden Sie wohl bei gleichem Preis einem in Europa hergestellten Gerät sehr wahrscheinlich den Vorzug vor einem Produkt geben, das in China produziert wurde. Selbst wenn Sie weder die Firmen noch die Geräte kennen und mit Ihrer Entscheidung durchaus auch kräftig draufzahlen könnten. Dieses Verhalten hat seine Ursache darin, dass in unserem Gehirn gewisse Entscheidungswege fest verdrahtet sind. Sehen Sie zum Beispiel einen Apfel, so haben Sie ohne langes Nach-

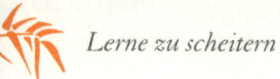

denken eine gewisse Vorstellung davon, was Sie erwartet, wenn Sie hineinbeißen. Jene Nervenbahnen, die wir besonders häufig benutzen, werden zu einer Art Autobahn ausgebaut. Diese haben, wie ja auch im wirklichen Leben, Vorrang gegenüber kleinen Straßen. Überlegen Sie sich nur einmal, ich fragte Sie, wie ich von Ihrem Ort in die nächste große Stadt käme. Wäre diese an eine Autobahn angebunden, welchen Weg würden Sie mir ganz spontan empfehlen? Den mit dem wenigsten Verkehr? Den landschaftlich interessantesten? Oder jenen über die Autobahn?

Extrem vereinfacht kann man sich das so vorstellen, dass auch im Gehirn zwischen zwei Städten, die sehr häufig besucht werden, nach einiger Zeit eine direkte, schnelle Verbindung entsteht, eine Autobahn im Gehirn gleichsam. Für Sie als Entscheider ist es in diesem Zusammenhang wichtig, sich zwei Umstände bewusstzumachen. Zum einen, dass dadurch unsere Gedanken fest verdrahtet sind.

In der Folge gehen wir so lange automatisch den gleichen Weg, bis wir uns ganz bewusst für einen anderen entscheiden.

Genau so entstehen übrigens auch jene vorher beschriebenen Entscheidungsmuster, die sich dann durch unser restliches Leben ziehen. Sie nehmen ja auch nicht jeden Tag völlig unbewusst einen neuen Weg in die Arbeit, oder? Gleichzeitig aber, und das ist das viel Wichtigere, werden alle Autobahnen, die fleißig benutzt werden, auch entsprechend noch besser ausgebaut und dadurch noch breiter und komfortabler und vor allem schneller befahrbar. Dadurch entstehen auch jene Wege zu Gewohnheitsentscheidungen, die unser Bewusstsein gar nicht mehr benötigen.

Gewohnte Entscheidungswege verlassen

Was aber, wenn Sie einmal spontan anders handeln müssen? Stellen Sie sich vor, Sie wären mit Ihrem Auto in einem Land unterwegs, in dem auf der linken Straßenseite gefahren wird. Solange Sie sich auf diesen Umstand bewusst konzentrieren, wird es keinerlei Probleme geben. Wehe aber, es kommt Ihnen in einem Engpass überraschend ein anderes Fahrzeug entgegen, und Sie müssen in Sekundenbruchteilen entscheiden, wohin Sie ausweichen. Ganz spontan: nach rechts oder nach links? Rechts, nicht wahr? Leider falsch.

Auch hier wäre es wichtig, die Situation vorab so oft vor Ihrem geistigen Auge ablaufen zu lassen, bis eine neue Direktverbindung entstanden ist, dann reagieren Sie im Fall des Falles ganz automatisch richtig.

Möchten Sie bewusst aus einem gewohnten Entscheidungsverhalten ausbrechen, sollten Sie die neue Entscheidungssituation gleichsam einüben.

Dann müssen Sie nur noch die ursprüngliche »Verdrahtung« lösen. Zugegeben, das ist nicht ganz einfach, weil eine Gewohnheit nun einmal eingeschliffen ist, aber es ist möglich.

Bevor Sie eine Entscheidung neu gestalten, halten Sie daher kurz inne. Treten Sie ganz bewusst und in Ruhe im Kopf einen Schritt zurück und verschaffen Sie sich einen Überblick über die Möglichkeiten. Unterdrücken Sie unbedingt das Gefühl, die beste Option ohnehin bereits zu kennen. Sie wollen ja etwas Neues probieren. Und nun entschließen Sie sich bewusst für einen neuen Weg, stellen Sie ihn sich erst einmal vor. Gehen Sie ihn in Gedanken wieder

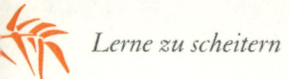

und wieder durch. Vergessen Sie dabei aber nicht, dass es Ihrem Gehirn völlig gleichgültig ist, zwischen welchen Nervenzellen es eine Verbindung schafft. Was oft besucht wird, das erhält eine Direktverbindung, ganz ohne vorherige Überprüfung!

Für eine Änderung Ihrer Gewohnheiten
brauchen Sie Konzentration und Entschlusskraft.

Denken Sie ständig das Falsche, prägt sich am Ende auch das Falsche ein. Und Sie treffen bei nächster Gelegenheit ganz schnell und ganz sicher die falsche Entscheidung.
Nebenbei gesagt ist dies auch der Grund, warum ich davor warne, anderen Menschen etwas Schlechtes zu wünschen. Der Einzige, der dabei zu Schaden kommt, ist meiner Meinung nach derjenige, der den Fluch formuliert. Wir sollten uns tunlichst bewusstmachen, dass wir auch für böse Gedanken Energie aufwenden, die in unseren Gehirnzellen gespeichert bleibt.

Positives und negatives Denken

In diesen Zusammenhang gehört auch ein aktuelles Modethema: das »positive Denken«. Klar sollte man mit positiver Einstellung durchs Leben gehen. Aber Vorsicht: Gepredigt von Menschen, die ganz offensichtlich die dahinterstehende Idee nicht wirklich verstanden haben, wurde »positives Denken« zum Synonym für das sich Schönreden eigentlich unschöner Dinge oder Sachverhalte.
Im Grunde genommen handelt es sich um eine geniale Technik – zumindest, wenn man den eigentlichen Wort-

sinn versteht: Ursprünglich leitet sich »positiv« vom lateinischen »positus« ab, einem Wort, das nicht im Entferntesten etwas mit »gut« oder »schön« zu tun hat. »Ponere«, so der Infinitiv des zugrundeliegenden Wortes, bedeutet einzig und allein »legen«, »setzen«, »stellen«. Wer also positiv denkt, denkt erzeugend, erschaffend. Er denkt wie jemand, der weiß, was er möchte, der in der Lage ist, seine Wünsche und Bedürfnisse aktiv zu setzen, aktiv in die Welt zu stellen, zu formulieren.

Ganz im Gegensatz dazu handelt der negativ denkende Mensch. Auch dieses Wort hat seinen Ursprung in der lateinischen Sprache. »Negare« bedeutet »verleugnen«, »verneinen«.

Wer negativ denkt, weiß nur, was er nicht möchte.

Worauf ich hinauswill? Sie können gleichzeitig ein durchaus positiv denkender Mensch sein und dennoch akzeptieren, dass auch die beste Entscheidung die Möglichkeit des Scheiterns in sich trägt. Schließlich hat Scheitern nichts mit Versagen zu tun. Akzeptieren Sie bitte, dass wir nicht alleine auf der Welt sind und auch unsere allerbesten Entscheidungen jederzeit von Dritten (und sei es die Natur selbst) zum Scheitern verurteilt werden können. Bedenken Sie aber:

Scheitern zu können und Scheitern zu erwarten
sind grundverschiedene Dinge.

Wer gelernt hat, gut zu scheitern, wird, wenn er fällt, wieder aufstehen und eine neue, noch bessere Entscheidung treffen.

ÜBUNGEN

Wann sind Sie zuletzt gescheitert?

....

Hatten Sie sich rechtzeitig zum Aufgeben entschieden? Oder haben die Umstände Sie zu einer Entscheidung gedrängt?

....

Was macht es für Sie schwierig, zu scheitern?

....

Welche große Entscheidung steht an? Was könnte schlimmstenfalls passieren?

....

Gestehen Sie sich Ihr Scheitern rechtzeitig ein?

....

Was hat es Sie bisher gekostet, es nicht getan zu haben? Wie können Sie Kosten vermeiden?

....

Lässt sich die anstehende Entscheidung in mehrere Einzel-Entscheidungen aufsplitten?

....

*Überall geht ein frühes Ahnen
dem späteren Wissen voraus.*

(Alexander von Humboldt)

4. Nutze die Intuition

*Der Instinkt diktiert die Pflicht, der Verstand aber
liefert die Vorwände, um sich ihr zu entziehen.*

(Marcel Proust)

Lerne, dass nicht alles mit dem Verstand erfassbar ist

Noch vor etwa 150 Jahren musste jeder Mönch, der das
Shaolin-Kloster als Meister verlassen wollte, bei einer ab-
schließenden Prüfung seine im Training erworbenen Fähigkeiten unter Beweis stellen. Erst nach zehn- bis fünf-
zehnjähriger Ausbildung wurde ein Kampfschüler überhaupt zu den Abschlussexamina zugelassen, die für ihre
ungewöhnliche Härte bekannt waren: Wie einige Kandidaten feststellen mussten, war dabei nämlich auch ein tödlicher Ausgang nicht ausgeschlossen.

Nachdem die Prüfungskommission, die aus einigen besonders ehrenwerten Mönchen bestand, das theoretische
Wissen des Kandidaten, seine Fähigkeit, mit Emotionen
umzugehen, und seine körperlichen Kräfte geprüft hatte,
erhielt er Zutritt zur sogenannten »Kammer der Finster-
nis«. Es handelte sich hierbei um einen dunklen Korridor,
in dem unmittelbar hinter der Tür ein Balken von rechts
oder von links auf den Prüfling herabstürzte. Nur wenn
ihn sein sechster Sinn nicht im Stich gelassen hatte und er
dem fallenden Holzblock rechtzeitig ausweichen konnte,
war er in der Lage, den nächsten Raum zu betreten. In der

Mitte dieses Raumes musste er sich im Schneidersitz auf den Boden setzen, den Blick auf die Füße seiner gekreuzten Beine gerichtet. In der fast undurchdringlichen Dunkelheit warf plötzlich einer seiner Mitbrüder, der hinter einer Säule verborgen war, ein Messer auf den Sitzenden. Nun galt es, intuitiv die Position des unsichtbaren Angreifers zu erahnen, sich an dem Geräusch des durch die Luft heranfliegenden Messers oder dem schwachen Blinken des Stahls zu orientieren. Blitzschnell musste der Prüfling dem Messer entweder seitwärts ausweichen, es mit einem Arm abwehren oder es im Flug auffangen. Wer auch diese Aufgabe überstanden hatte, der betrat den »Korridor des Todes«. Hier musste sich der Mönch gegen hölzerne Puppen verteidigen, die mit scharfen Messern und spitzen Stöcken bewaffnet waren. Ihre Bewegungen wurden durch eine mechanische Konstruktion unter den Bodenplatten von den Bewegungen des Prüflings ausgelöst, so dass die Attacken unmöglich vorauszusehen waren.

Erst wenn der Prüfling all dies gemeistert und mit Hilfe seiner Intuition die richtigen Entscheidungen getroffen hatte, erreichte er einen ovalen Ausgang. Dort musste er eine mit glühenden Kohlen gefüllte Urne fortschaffen, um sich den Weg freizuräumen, wozu er die Arme um die Urne legen musste. Auf diese Weise brannten sich ihm die legendären Symbole der Meister von Shaolin, Tiger und Drache, in die Unterarme.

Intuitive Entscheidungen

Die Intuition ist wohl mindestens so alt wie die Menschheit selbst. Von Anfang an war die Aufgabe dieser auch als »Bauchgefühl« bekannten Fähigkeit, dem Menschen dort, wo keine Zeit zum Nachdenken war, eine möglichst rasche Entscheidung zu ermöglichen. Schließlich konnte die Fähigkeit zu intuitivem Handeln über Leben und Tod entscheiden, wenn etwa in Sekundenbruchteilen zwischen Freund und potentiell tödlichem Feind entschieden werden musste. Grundlage für eine intuitive Entscheidung ist aber nicht der Verstand, sondern allein ein unbestimmtes Gefühl. Kein Wunder, dass diese Gabe in unserer heutigen Welt, in der nur verstandesmäßig nachvollziehbare Fakten akzeptiert werden, in den Hintergrund geraten ist.

Statt auf ein undefinierbares Bauchgefühl,
setzt man heute lieber auf Referenzen, Zeugnisse,
behördliche Genehmigungen oder andere
konkret fassbare Merkmale.

Dies ist wohl auch ein Grund dafür, weshalb gewisse Spielarten des Betrugs derzeit eine Blüte erleben. Denken Sie nur an das Beispiel mit dem verblüffend billigen iPhone, das es zu ersteigern galt: Hätte das Internetauktionshaus in seinen Geschäftsbedingungen nicht für die Korrektheit der gelieferten Ware garantiert, Ihr Gebot wäre mit Sicherheit weit niedriger ausgefallen. Und selbst wenn Sie das Gefühl gehabt hatten, etwas sei daran nicht in Ordnung, so hätten Sie zwar einen Fehler gesucht, aber die Suche nach kurzer Zeit wieder beendet.

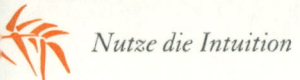

*Zumindest in unserer Kultur ist der Gebrauch
der Intuition als Grundlage für Entscheidungen
völlig zu Unrecht in Verruf geraten.*

Sie sind anderer Meinung? Dann stellen Sie sich doch einmal vor, Sie lesen in der Zeitung, ein Geschäftsmann habe eine Milliarden-Euro-Entscheidung gegen jede Logik rein aus dem Bauch heraus getroffen! Was würden Sie dazu wohl sagen?

Zum Glück bedeutet dies aber nicht, dass unsere Intuition verlorengegangen ist. Wenn auch oft tief verschüttet, schlummert sie auch in Ihnen: die Fähigkeit, zu erkennen, wenn an einer Sache etwas nicht in Ordnung ist. Auch wenn wir nicht genau formulieren können, wie wir auf diese Idee kommen.

Die Intuition ist eine Gabe, die es zu nutzen gilt.

Der Gedanke, alle Entscheidungen allein mit Hilfe des Verstandes treffen zu können, kann nämlich gravierende Folgen haben. Nur nach dem Verstand zu handeln ist, als teilte uns ein wegen furchtbarer Kopfschmerzen konsultierter Arzt nach gründlicher Untersuchung freudestrahlend mit, er könne nichts finden. Wer nun daraus folgert, er sei kerngesund, geht fehl. Natürlich bleibt die Frage, wie es zu den Symptomen kommen konnte, die uns ursprünglich zum Arzt geführt hatten, aber auch das kann man sich selbst erklären: Schon einmal von Arbeitsüberlastung gehört?

Und was ist mit der Möglichkeit, an einer dem Arzt nicht bekannten Krankheit zu leiden, nach der dieser folglich auch nicht gesucht hat?

Als Verstandesmenschen geben wir im Zweifelsfall immer einer
Erklärung den Vorrang, die zu unseren Vorstellungen passt.

Auch dann, wenn unser Bauchgefühl ganz ausdrücklich
etwas anderes sagt. Was nicht sein kann, darf nicht sein und
ist auch nicht.

Ich erinnere mich in diesem Zusammenhang an den tragischen Fall eines arabischen Agenten, der das Gefühl hatte, der israelische Geheimdienst wolle ihn ermorden. Eines
Morgens war er wie besessen von der Idee, man werde ihn
an genau diesem Tag in seinem Auto in die Luft spren-
gen. Als er in der Früh zu seinem Wagen ging, unter-
suchte er ihn ganz genau. Er schaute in den Kofferraum,
öffnete die Motorhaube, legte sich unter den Wagen, in-
spizierte das Innere, aber er fand nichts. So stark seine Intuition auch war: Bis zu dem Entschluss, den Wagen stehen und von einem Experten überprüfen zu lassen, reich-
te sie nicht. Also beruhigte er seine innere Stimme, setzte
sich ins Auto, drehte den Zündschlüssel um – und flog in
die Luft. Der Mossad hatte die Bombe unter dem Sitz ver-
steckt.

Besonders tragisch erscheint mir daran, dass dieser Agent
beschloss, seine Vorahnungen zu ignorieren. Auch Julius
Caesar wurde vor seiner Ermordung mehrfach gewarnt.
Doch weder seine Frau Calpurnia, die ihm von ihren Vorahnungen einer Katastrophe erzählte, noch der Augur Spu-
rinna, der ihn vor den Iden des März gewarnt hatte, konnten ihn überzeugen. Ganz im Gegenteil: Als Caesar den
Auguren vor dem Senatsgebäude erblickte, soll er vielmehr
spöttisch gesagt haben, dass die Iden des März nun gekommen seien. Spurinnas Antwort war kurz: »Aber noch nicht

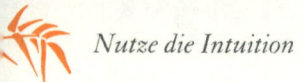

vorbei.« Der Diktator, der alle Warnungen in den Wind geschlagen hatte, bezahlte dafür nur Stunden später mit seinem Leben.

Lassen Sie mich an dieser Stelle etwas vorwegnehmen, auf das ich später noch genauer zu sprechen kommen werde. Gleichgültig, ob man eine Entscheidung mit dem Verstand oder dem Bauchgefühl getroffen hat:

*Vergessen Sie nicht, wenn Sie eine Entscheidung
im Nachhinein zu beurteilen versuchen, dass es so etwas
wie ein »Wenn« nicht gibt.*

Ich betone das hier so ausdrücklich, weil die Intuition wohl genau aus diesem Grund zu ihrem schlechten Ruf gekommen ist.

Ich möchte Ihnen dies an einem Beispiel verdeutlichen: Angenommen, Ihr Bauchgefühl rät Ihnen eines Tages, nicht an einer bereits bezahlten Schiffsfahrt teilzunehmen. Irgendwie werden Sie das Gefühl nicht los, etwas werde schiefgehen. Entgegen Ihren sonstigen Gewohnheiten hören Sie auf Ihre Intuition und bleiben an Land.

Ihre Freunde, die die Fahrt ohne Sie gemacht haben, kommen am Ende unversehrt zurück. Und sie lachen! Über Sie und Ihre Ahnungen! Was hätte denn schon groß passieren sollen?

Am Ende kommen Sie zu dem Schluss, dass Ihnen hier Ihre Angst vor dem Meer einen Streich gespielt hat. Und in der nächstbesten vergleichbaren Situation fällt Ihnen genau dieser Vorfall wieder ein. Es ist nichts passiert, obwohl Sie ein so starkes schlechtes Gefühl bei der Sache hatten. Warum sollte Ihre Intuition dann diesmal recht haben?

Hier möchte ich Sie an die Geschichte mit der Fahrt zum Flughafen im ersten Kapitel erinnern. Wissen Sie noch, die vielen kleinen Entscheidungen? Wer sagt Ihnen aber, dass der Schiffsausflug genauso ausgegangen wäre, hätten Sie nicht auf Ihre Intuition gehört und wären auf das Schiff gegangen? Tatsache bleibt, dass es nun einmal Schiffsunglücke gibt, die jährlich Hunderte von Menschen das Leben kosten.

Falls Sie sich gerade fragen, ob ich denke, dass man die Zukunft voraussagen kann: Nein, das glaube ich nicht. Dafür ist das Ganze dann doch zu unberechenbar.

> *Aber ich glaube sehr wohl daran,*
> *dass wir über Fähigkeiten verfügen, die weit über das*
> *verstandesmäßige Denken hinausgehen.*

Ich würde Ihnen gerne zeigen, dass auch Ihre Intuition funktioniert. Anlässlich der Verleihung des Nobelpreises für Wirtschaft stellte der Psychologe Daniel Kahneman im Rahmen seiner Dankesrede eine Frage an das Publikum. Er bat die Zuhörer, diese möglichst spontan zu beantworten. »Angenommen ein Baseballschläger und ein Ball kosten zusammen einen Euro und zehn Cent. Der Schläger kostet einen Euro mehr als der Ball. Wie viel kostet dann der Ball alleine?« Da die Frage nicht wirklich schwierig ist und da es hier nicht um ein mathematisches Problem ging, werden Sie die Antwort sicher schon wissen. Der Ball kostet natürlich zehn Cent. Kahneman wollte demonstrieren, dass Menschen Ihr Urteil abhängig von ... Was ist denn? Sie haben das Gefühl, diese Antwort ist nicht richtig? Wieso denn das? Also gut. Ich gebe Ihnen eine Sekunde: Sind es nun zehn Cent oder nicht? Nein, natürlich nicht. Kostete der Ball nämlich tatsächlich zehn Cent und der Baseballschläger wäre einen Euro teurer als der Ball, dann müssten Sie ja schon für den Schläger einen Euro zehn Cent bezahlen. Für beides zusammen wäre ein Euro zwanzig fällig. Tatsächlich kostet der Ball fünf Cent.

Wenn Sie beim Lesen gleich zu Anfang spontan das Gefühl hatten, irgendetwas an meiner Antwort sei komisch, dann haben Sie erlebt, was Intuition bedeutet: Manchmal lässt sich schneller entscheiden, dass es besser wäre, von einer Sache die Finger zu lassen, als man eigentlich versteht, warum dem so ist. Nun scheiden sich wohl in wenigen Fragen die westlichen Geister so sehr von den östlichen, wenn ich so sagen darf, wie bei der Frage der Gewichtung von menschlichem Verstand und seinem Gegenstück Intuition. Ist der Verstand, wie wir im Westen wohl meinen, eine wunderbare Errungenschaft, die den Menschen als einzigartig unter den Lebewesen auszeichnet? Oder haben die anderen recht, die den Verstand eher als ein Hindernis begreifen, das jeder tieferen Erkenntnis im Weg steht? Während die Menschen des Westens ihre Fähigkeit preisen, mittels ihres Verstandes Traum von Wirklichkeit zu trennen, sieht man das im Osten anders. Hier gilt der Verstand als eine Barriere, die zuverlässig verhindert, dass wir auf die mächtigen Ressourcen jenseits des Intellekts zugreifen können.

Verstand und Intuition

Ohne den Verstand gäbe es kein Urteil, keine Wertung und keine kleineren und größeren Wahrscheinlichkeiten. Es gäbe nur schlichte Tatsachen. Doch wer bereit ist, seinen Verstand einmal beiseite zu lassen, und da sind sich die Philosophen des Ostens sicher, der kann auch akzeptieren, dass wir weder verstehen können noch sollen, worauf es wirklich ankommt.

Und nur der kann auf seine innere Urteilskraft zugreifen und ihr auch vertrauen, dem der Verstand nicht im Weg steht.

Dieser Gedanke hatte seinen Ursprung in Shaolin und von dort aus als Zen seinen Siegeszug um die Welt angetreten.

Man schrieb das Jahr 527 unserer Zeitrechnung, als der indische Mönch Bodhidharma das legendäre Kloster im Songshan-Gebirge erreichte. Er hatte den langen Weg aus Indien auf sich genommen, um die Lehre Siddhartha Gautamas zu verbreiten und selbst zum Erwachten, zum Buddha zu werden. Neun Jahre, so will es die Legende, verbrachte er meditierend in einer Höhle hoch über dem Shaolin-Tempel. Neun lange Jahre, in denen sich – bis heute sichtbar – sein Schatten im Fels verewigt hat. Dann erst wurde ihm endlich zuteil, wonach er so lange gesucht hatte: Er erwachte. In unseren Breiten wird dieses Erwachen oft auch als »Erleuchtung« bezeichnet. Im Grunde handelt es sich um den Erwerb der Fähigkeit, die unveränderlichen Umstände des Augenblicks als das zu akzeptieren, was sie sind: Tatsachen. Jedes Streben danach zu verändern, was in einem gegebenen Moment nicht veränderbar ist, erzeugt

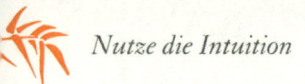

tiefes Leid. Das hatte Buddha erkannt. Nun aber wurde Bodhidharma eine weitere, wohl ebenso tiefgreifende Erkenntnis zuteil:

Der Weg zum Erwachen führt nicht über den Verstand.

Denn der Verstand lässt uns Dinge nicht wirklich begreifen, sondern verhindert das sogar.

Lassen Sie mich das an einem Beispiel zeigen. Stellen Sie sich vor, auf der Straße kommt Ihnen ein älterer Mann entgegen. Wieso auch immer, ihm ist tatsächlich bekannt, was nach dem Tod mit uns Menschen passiert. Er wäre auch bereit, sein Wissen mit Ihnen zu teilen. Doch selbst wenn Sie brennend daran interessiert wären, wie es nach dem Ableben weitergeht, der alte Mann könnte Ihnen nicht helfen. Nicht aber, weil er nicht über das nötige Wissen verfügte. Und auch nicht, weil er nicht bereit wäre, Ihnen alles zu erzählen. Nein, er könnte nichts für Sie tun, weil Ihnen Ihr Verstand im Weg wäre, der Ihnen ständig zuflüsterte: »He, das klingt ja alles ganz nett! Aber woher sollte der Alte das wissen?«

Wie oft zermartern wir uns das Hirn, fragen uns, wie unser Leben verlaufen wäre, wenn wir den einen oder anderen dummen Fehler nicht gemacht hätten. Oder wir machen uns ständig Sorgen. Ob sich wohl die Bergbaukrise auf der anderen Seite der Welt auf unseren Lebensstandard auswirken wird? Ob sich die Finanzen der EU wirklich stabilisieren?

In diesen Momenten quält uns niemand anderer als unser eigener Verstand. Schließlich weiß alleine er, was man unter einer Krise versteht.

Genau dieser Verstand ist es nun,
der meist unserer Intuition entgegensteht.

Auch wenn es verschiedene Erklärungen für diesen Begriff gibt, lassen Sie mich ihn hier als die Fähigkeit beschreiben, Hinweise zu erfassen und als Entscheidungshilfen zu begreifen, die jenseits des Verstands liegen. Daher habe ich zuerst einmal eine Frage an Sie:

Nutzen Sie Ihre Intuition? Hören Sie auf ihr Bauchgefühl?

Angenommen, Sie sitzen in einem Flugzeug, das in wenigen Sekunden die *park-position* verlassen wird. Da meldet sich Ihre Intuition plötzlich ganz lautstark: »Achtung! Sieh zu, dass du hier herauskommst! Das geht nicht gut!« Was tun Sie? Steigen Sie aus, oder nehmen Sie lieber Beruhigungstropfen, um Ihre Flugangst zu unterdrücken, und bleiben sitzen? Wenn Sie jetzt geantwortet haben, Sie würden das Flugzeug verlassen: Was tun Sie, wenn das Kabinenpersonal Sie auffordert, zu Ihrem Platz zurückzukehren, da man leider die Türen nicht mehr öffnen könne? Genau diesen tragischen Fall gab es im Jahr 2008 auf dem Flughafen von Madrid. Obwohl es keinerlei Anzeichen für eine bevorstehende Katastrophe gab, verlangte ein Passagier kurz vor dem Start, das Flugzeug verlassen zu dürfen. Er telefonierte sogar noch mit seiner Frau und erzählte ihr von seinen Vorahnungen. Doch es war zu spät. Die Türen waren bereits geschlossen, und die Besatzung weigerte sich, ihn noch hinauszulassen. Als die Maschine wenige Sekunden nach dem Abheben auf die Startbahn stürzte und beim Aufprall explodierte, war dieser Passagier einer

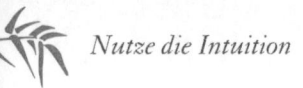

von 154 Menschen, die bei dem Unglück ihr Leben verloren.

Ironischerweise hätte seine Intuition diesem Mann wohl
das Leben gerettet. Denn betrachtet man den fast zwingenden Unfallhergang, sieht man das Unglück auch dann
geschehen, wenn der Mann das Flugzeug verlassen hätte.
Doch wer nicht gelernt hat zu scheitern, den kann auch die
Intuition nicht mehr retten. Wäre der Passagier auf den
schlimmsten Fall vorbereitet gewesen, er hätte gewusst, wie
er die Besatzung dazu hätte bringen können, die Tür doch
noch zu öffnen.

Doch um Ihnen zu zeigen, wie oft der Verstand über unser
Bauchgefühl siegt, muss ich gar keine Katastrophenszenarien bemühen. Es reicht wohl die Überlegung, was Sie
täten, wenn Ihnen Ihr Arbeitgeber für einen Auslandsflug
einen Platz bei einer Fluggesellschaft reserviert hätte, deren
Maschinen in Europa aus Sicherheitsgründen Landeverbot
haben. Stellen Sie sich jetzt noch vor, Sie wären erst kurz
bei dem Unternehmen beschäftigt und könnten sich den
Verlust des Arbeitsplatzes nicht leisten: Bestehen Sie darauf, auf eine andere Linie umgebucht zu werden? Oder
hoffen Sie lieber, dass dieses eine Mal schon nichts passieren
wird?

Woher aber kommt es, dass Eingebung in unseren Breiten
einen so schlechten Ruf hat?

Leider wird Intuition häufig mit Dingen in Verbindung
gebracht, die jedem Verstandesmenschen von vornherein
suspekt sind. Oder was würden Sie von jemandem halten,
der behauptete, Intuition sei nichts anderes als Informationsübertragung auf energetischem Weg?

*Sie sollten aber nicht grundsätzlich alles abtun,
was über den Verstand hinausgeht.*

Denn so eigenartig sich die Sache mit diesen Energien auch
anhören mag: So seltsam ist die Idee gar nicht. Klar, es ist
uns vertrauter, Dinge zu sehen oder zu hören, als sie in
Form irgendwelcher Energien übermittelt zu bekommen.
Obwohl das eine das andere nicht ausschließt, sondern sich
vielmehr gegenseitig bedingt.

Haben Sie nämlich schon einmal darüber nachgedacht, was
genau beim Hören und Sehen passiert? Unser Körper ist
mit Organen ausgestattet, die in der Lage sind, Energien zu
empfangen und in für unseren Verstand verwertbare Informationen umzuwandeln. Beim Sprechen etwa erzeugen
wir mit den Stimmbändern Energie in Form von Druck-
wellen. Treffen diese nun auf das Trommelfell, bringen sie
es zum Schwingen, und Nervenbahnen leiten die so erhal-
tene Information in Form von elektrischem Strom an Ihr
Gehirn weiter. Dieses decodiert die Information und setzt
sie in Begriffe um, die der Verstand erfassen kann. Genauso
verhält es sich mit dem Sehen. Schließlich sind Lichtstrah-
len nichts anderes als elektromagnetische Energie, die von
unseren Augen aufgenommen und vom Gehirn umgesetzt
wird. Haben sie die falsche Wellenlänge, ist es uns nicht
möglich, solche Wellen mit unseren Sinnen wahrzuneh-
men. Das heißt aber noch nicht, dass man sie mit den pas-
senden Empfangs- und Umwandlungsgeräten nicht zur
Informationsübertragung nutzen könnte. Bekanntestes
Beispiel ist hier das Radio mit den Funkwellen. Und auch
wenn die entsprechenden wissenschaftlichen Versuche bis-
lang gescheitert sind: Wer könnte mit Sicherheit behaup-

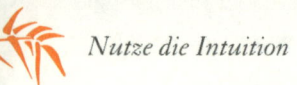

ten, dass sich allein mit Gedankenkraft keine Informationen übertragen lassen?

Das Bauchgefühl trainieren

Schließlich sagt man den Shaolin-Mönchen nach, auch diese Form der Kommunikation benutzt und sich damit über weite Strecken verständigt zu haben. Doch selbst wenn Telepathie konkret nicht möglich sein sollte:

Viele Gefahrensituationen senden ganz deutliche Warnsignale aus.

Leider werden diese nur von den wenigsten Menschen wahrgenommen und als solche verstanden, weil mangelnde Bereitschaft, auf die innere Stimme zu hören, das verhindert. Ganz anders verhalten sich hier Tiere. Vielleicht auch, weil sie über keine Sprache verfügen. Meist sind sie in der Lage, Warnsignale richtig zu interpretieren und entsprechend zu handeln.

Ein besonders beeindruckendes Beispiel für diese Fähigkeit liefert ein Geschehen im Jahr 2004 an der Küste Sri Lankas. Damals beobachteten die Einwohner eines kleinen Dorfes plötzlich, dass ihre Elefanten unruhig ins Landesinnere drängten. Ohne wirklich zu wissen, was die Tiere in diese Unruhe versetzte, taten die Dorfbewohner das einzig Richtige: Sie vertrauten der Intuition der Elefanten und folgten ihnen so lange, bis sie sich ruhig niederließen. Unter den wenigen Überlebenden des Tsunamis, der insgesamt fast eine Viertelmillion Menschen das Leben kosten sollte, waren auch die Einwohner dieses Dorfes. Verstehen Sie mich nicht falsch: Ich glaube nicht, dass es übersinnliche Fähigkeiten waren, die die Elefanten zum Aufbruch bewogen haben. Sehr viel wahrscheinlicher waren es die feinen Vibrationen der herannahenden Riesenwellen. Die Elefanten konnten sie vermutlich mit ihren sehr sensiblen Fußsohlen spüren, und ohne weitere Überlegung liefen sie davon. Wie gesagt:

Hier handelt es sich wohl weniger um eine wie auch immer geartete Eingebung, sondern allein um die Fähigkeit, Warnsignale rechtzeitig zu erkennen, zu akzeptieren und schließlich daraus folgend die richtige Entscheidung zu treffen.

Kehren wir aber zurück zur Intuition. In all den bisher beschriebenen Situationen diente das Bauchgefühl mehr der Warnung und fungierte weniger als Entscheidungshilfe. Und eigentlich hätte es in allen Situationen auch die Möglichkeit gegeben, an die notwendigen Informationen zu gelangen. So war die Ursache für den Flugzeugabsturz in Madrid, wie sich später herausgestellt hat, ein Defekt an einer Landeklappe in Kombination mit einem Virus im Zentralcomputer, der verhindert hatte, dass der Pilot von dem Schaden erfuhr. Und auch von der Tsunamiwelle wusste man zum Zeitpunkt der Elefantenflucht bereits. Rein theoretisch hätten die Menschen auch über Radio und Fernsehen gewarnt werden können.
Für eine gute Entscheidung, so könnten Sie also sagen, hätte es hier gar keine Intuition gebraucht. Allerdings stimmt das nur in der Theorie.

Wie oft geraten wir nämlich in Situationen, in denen uns allein unser Bauchgefühl helfen kann, das Richtige zu tun?

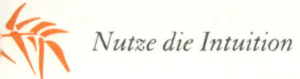

Ich erinnere ich mich noch gut an ein wichtiges Fußball-
match im Rahmen einer Weltmeisterschaft. Da weder innerhalb der regulären Spielzeit noch in der Nachspielzeit
eine Entscheidung herbeigeführt werden konnte, sollte das
Spiel im Elfmeterschießen entschieden werden. Eine Situation, die dem Tormann wie den Schützen gute Nerven und
eine hervorragende Intuition abverlangt. In einem Inter-
view nach dem Match erzählte der Torwart Folgendes: »Bei
einem Elfmeter kann dir nichts anderes mehr helfen als deine Intuition. Natürlich kennst du den Schützen und weißt,
wie er sich verhält. Du weißt, der eine schießt immer ins linke und der andere immer ins rechte Eck. Aber Garantie gibt
es da keine. Wenn es zum Duell kommt, dann musst du eins
sein mit dem Schützen. Du musst fühlen, was er tun wird.«
So war es auch bei besagtem Spiel. Alles deutete darauf hin,
dass der Spieler, der seine Bälle immer in die linke Ecke
brachte, es auch diesmal wieder tun würde. »Es war in dem
Moment, als er den Ball abgestoßen hat«, sagte der Tormann nachher, »in genau diesem Augenblick habe ich
gewusst, er schießt nach rechts. Keine Ahnung, warum,
aber ich bin intuitiv dorthin gesprungen.« Und weil der
Torhüter auf seine Intuition gehört hatte, gewann seine
Mannschaft das Spiel. Fragte man jetzt den Schützen, warum er sich ausgerechnet dieses Mal entschlossen hatte, das
Toreck zu wechseln, er wüsste es wohl selbst nicht.

Diese Episode zeigt aber umgekehrt auch,
warum so wenige Menschen auf ihre Intuition vertrauen.

Denken Sie nur einmal, das Ganze wäre danebengegan-
gen! Stellen Sie sich vor, der Schütze hätte wie immer in die

linke Ecke geschossen, aber der Tormann wäre nach rechts gesprungen und hätte hinterher angegeben, auf seine Eingebung gehört zu haben! Auf seine was bitte?

Zugang zur Intuition bekommen

Doch wie kann man überhaupt Zugang zu seiner Intuition erhalten?

Wer seine Intuition erfolgreich nutzen möchte, muss lernen, seine Wünsche, Vorstellungen und Ängste sowie vermeintliches Wissen von seiner Eingebung zu trennen.

Das hört sich leichter an, als es tatsächlich ist. Bei den meisten Menschen manifestiert sich das Bauchgefühl in Form einer inneren Stimme, die ihnen deutlich sagt, ob eine Sache gut ausgehen wird oder nicht. »Jeder von uns«, hat schon Buddha gesagt, »ist ein Gott. Jeder von uns ist allwissend. Wir müssen lediglich unser Bewusstsein öffnen, um unserer eigenen Weisheit zu lauschen.« Das Dumme ist nur, dass sich diese innere Stimme durch nichts von jener unterscheidet, die unsere Wünsche und Erwartungen widerspiegelt. Folglich werden die beiden häufig verwechselt.

Denken Sie einmal an einen Geschäftsmann, der sich entscheiden muss, ob er sein Geld und seine Zeit in ein neuartiges Produkt investiert oder aber besser die Finger davon lässt. Geht das Geschäft auf, lockt ein beachtlicher Gewinn. Misslingt es aber, verliert er viel Zeit und auch viel Geld, was er sich eigentlich nicht leisten kann. Auf Faktenbasis kann er nicht entscheiden, es gibt keine geeigneten Instrumente, das Produkt ist noch zu neu, und die Zeit drängt.

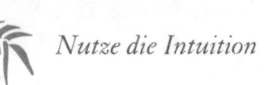

Natürlich kann auch unser Geschäftsmann die Zukunft nicht voraussagen. Aber er kann zumindest sein Bauchgefühl befragen, eine Methode, die sich schon der höchst erfolgreiche Industrielle Max Grundig zum Prinzip gemacht hat: »Ich überlege. Mein Bauch entscheidet.«

Voraussetzung ist aber, dass es unserem Geschäftsmann gelingt, sowohl seine Wünsche als auch seine Erwartungen und Ängste auszublenden und einzig auf seine Intuition zu achten. Andernfalls läuft er Gefahr, sich selbst zu bestätigen, was er sich wünscht, anstatt auf die mächtige Entscheidungsressource der Intuition zu hören.

Ja, in der Theorie, werden Sie vielleicht sagen. Ich möchte Ihnen gerne zeigen, wie das Ganze in der Praxis funktioniert. Haben Sie Lust auf ein kurzes Spiel? Sie brauchen dazu nur sich selbst, fünf oder sechs Mitspieler und etwa zwei Minuten Zeit. Sind Sie bereit? Ihre Aufgabe ist es, gemeinsam mit den anderen von eins bis zehn zu zählen. Wer an der Reihe ist, sagt die nächsthöhere Zahl. Die Reihenfolge ist aber, und das ist das Besondere, durch nichts bestimmt. Vielmehr sagt spontan derjenige die nächste Zahl, der fühlt, dass die Reihe an ihm ist. Wer möchte, darf die Augen schließen, das macht die Sache einfacher. Sprechen zwei Spieler gleichzeitig, geht das Spiel von vorne los, doch mit etwas Bauchgefühl wird das nicht passieren. Sie werden nämlich mit Erstaunen feststellen, wie präzise jeder rein intuitiv weiß, wann er oder sie an der Reihe ist.

Ich mache diesen Versuch bei vielen meiner Seminare, und die Teilnehmer sind immer wieder erstaunt, dass es funktioniert, obwohl es keine für den Verstand fassbare Erklärung gibt. Nur zur Erinnerung: Wenn Sie und Ihre Mitspieler keine Absprachen treffen, dann gibt es auch keine.

*Der größte Vorteil der Intuition liegt schließlich darin,
dass man mit ihrer Hilfe auf Informationen zugreifen kann,
die anderen verborgen bleiben.*

Sei absichtslos

Wie oft geraten wir in Situationen, die zu komplex sind,
als dass man sie mit dem Verstand vollständig erfassen
könnte? Jeder Versuch würde immer nur einen kleinen
Ausschnitt widerspiegeln, von dem nicht bekannt ist, wie
repräsentativ er für das große Ganze ist.

So ist die theoretische Kampfkraft einer Armee eine Sache,
etwas anderes hingegen ist die Frage, wie lange sie einen
Diktator gegen das eigene revoltierende Volk unterstützt.
Ihnen kommt die Situation bekannt vor? Und in Nord-
afrika haben wir gesehen, dass der Punkt nicht genau zu
bestimmen ist: Wann geben die Getreuen auf? Fragen kann
man sie schlecht. Kaum ein Soldat würde hier wohl ehrlich
antworten. Dennoch kommt irgendwann der Moment, an
dem auch ein Diktator eine Entscheidung treffen muss:
Gibt er auf und geht ins Exil, in der Hoffnung, dort wie
versprochen der Strafverfolgung zu entkommen, oder werden seine Männer für ihn kämpfen und das Ruder doch
noch herumreißen? Der Verstand sagt, sie werden es tun.
Dafür sind sie schließlich da. Aber was sagt das Gefühl?
Zumindest zwei langjährige Diktatoren mussten in der
letzten Zeit erkennen, dass auch sein kann, was nicht sein
darf. Ich bin mir sicher, die Intuition hätte sowohl Saddam
Hussein als auch Gaddhafi zu einer besseren Entscheidung
verholfen. Vergessen Sie aber nicht, dass Eingebung aus-

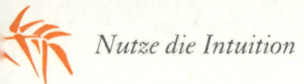

schließlich dann zuverlässig funktioniert, wenn sie von allen anderen Gefühlen getrennt wird.

Wer seine Intuition nutzen möchte, braucht, um es mit einem Zen-Wort zu sagen, den Zustand absoluter innerer Leere.

Und er muss bereit sein, völlig wertungsfrei anzunehmen, was er erfährt. Er muss, wie man in Shaolin sagt, absichtslos sein. Ein Zustand, den zu erreichen es einiger Übung bedarf.

Absichtslos sein bedeutet: nichts wollen, nichts wünschen, nichts fürchten, nichts beurteilen, nichts voraussetzen und auch nichts zurückweisen.

Am besten stellen Sie sich vor, Sie würden um Ihre Einschätzung befragt in einer Angelegenheit, die Sie persönlich absolut nicht betrifft, von der Sie nichts wissen und zu der Sie auch überhaupt keine Meinung haben. Wie auch immer die Sache ausginge, es wäre Ihnen recht.
So seltsam das jetzt klingen mag:

Es ist wichtig zu lernen, diesen Zustand der Absichtslosigkeit bewusst herzustellen.

Denn sonst werden Ihr vermeintliches Wissen oder Ihre Hoffnung Ihre Intuition überlagern und gleichsam ausschalten.
Ich will Ihnen ein Beispiel geben. Angenommen, jemand fragt Sie, wie das nächste Spiel zwischen zwei Fußballvereinen ausgehen wird. Auf die Frage, um wen es denn

134

da gehe, erfahren Sie, dass Ihre international höchst erfolgreiche Lieblingsmannschaft gegen einen kleinen Ortsverein spielen wird. In diesem Moment steht Ihre Antwort wahrscheinlich bereits fest. Schließlich können Sie sich wohl nur schwer vorstellen, dass ein Miniverein eine Chance gegen einen solchen Gegner haben sollte. Vor Ihrem geistigen Auge sehen Sie also, wie »Ihre« Mannen den Ortsverein vernichten. Wenn Sie nun denken, Sie hätten Ihre Intuition gebraucht, so irren Sie. In Wirklichkeit hat allein Ihr Verstand entschieden.

> *Wollen Sie etwas intuitiv entscheiden, dürfen Sie keinesfalls persönlich in die Sache involviert sein.*

Nicht einmal, wenn es um Ihr Leben ginge. Vielmehr müssen Sie die Angelegenheit zuerst völlig anonymisieren. Und erst wenn es Ihnen gelingt, ein Problem so weit aus der Distanz zu betrachten, dass es nichts mehr mit Ihnen zu tun hat, werden Sie die wahre Stimme Ihrer Intuition hören. Das ist wie bei einer Weinverkostung, bei der die Tester entscheiden sollen, ob das teure oder das billige Produkt besser schmeckt. Solange ihnen bekannt ist, ob sie gerade den edlen oder den billigen Wein probieren, entscheidet nicht der Geschmack, sondern der Verstand.
Um zu dem Beispiel mit dem Fußballspiel zurückzukommen: Treten Sie hier so weit zurück, dass nur noch Team A gegen Team B antritt, zwei Teams, die Sie nicht kennen. Lassen Sie dann das Spiel laufen und schauen Sie, was passiert. Wie immer Ihre Entscheidung dann aussieht, Sie werden sie rein intuitiv getroffen haben. So sollten Sie es immer dann machen, wenn Sie etwas intuitiv entscheiden möch-

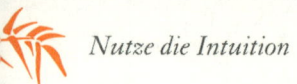

ten. Stellen Sie zuerst sicher, keinerlei Beeinflussung mehr zu unterliegen.

Erinnern Sie sich an die Prüfung in Shaolin? Denken Sie nur an den Mönch, auf den der Balken herabstürzt! Offensichtlich musste er intuitiv wissen, auf welcher Seite der Balken herabstürzen würde. Was aber, wenn er mehr Informationen gehabt hätte? Was, wenn der Balken die letzten zehn Male links heruntergekommen wäre und der Prüfling angenommen hätte, es sei Zeit für einen Richtungswechsel?

Echte Intuition schaltet alles aus und lässt gleichzeitig alles zu. Nichts muss, alles kann sein.

Weder Überlegungen noch Erfahrungen, weder herrschende Gebräuche noch Moral können sie beeinflussen.

Überschätze nicht die anderen

Doch es gibt noch einen weiteren wichtigen Grund, beim Entscheiden den Verstand nicht überzubewerten. Das gilt gerade dann, wenn Ihre Entscheidung auch andere Menschen betrifft: Sie könnten deren Verstand überschätzen. Dieser Fehler wird leider häufig gemacht.

Nehmen wir an, Sie sind der Inhaber einer Kunstgalerie. Eines Tages wird Ihnen ein Bild angeboten, das Ihnen überhaupt nicht gefällt. Rein gefühlsmäßig glauben Sie also nicht, es verkaufen zu können, und lehnen ab. Bis der Verkäufer Ihnen erzählt, es handle sich um ein noch unbekanntes Werk eines sehr großen Künstlers. In diesem Moment übernimmt der Verstand. Wenn es wirklich so ein bedeutender Maler geschaffen hat, erkennen Sie vielleicht einfach nur die Genialität des Bildes nicht auf den ersten Blick! Gerade mit diesem Künstler sollte doch eine Menge Geld zu verdienen sein. Ganz gegen Ihr Bauchgefühl kaufen Sie also das Bild. Was Sie dabei übersehen? Dass nicht jeder Käufer zwangsläufig mit dem Verstand entscheidet. Was, wenn Ihre potentiellen Kunden den Namen des Malers noch nie gehört haben, er sie nicht interessiert oder Ihre Kunden das Bild ebenfalls nicht mögen? Die Lösung: Werden Sie ein entfernter Beobachter Ihrer eigenen Angelegenheiten.

Sonst laufen Sie Gefahr, dass Ihr Verstand Ihre Intuition überlagert. Sobald Sie beginnen, ernsthaft von Ihrer Intuition Gebrauch zu machen, werden Sie etwas Interessantes feststellen: Unser Bauchgefühl ist ausschließlich in der Lage, zwischen Ja und Nein zu entscheiden.

Die zweite große Kunst liegt folglich darin,
der Intuition die richtigen Fragen zu stellen.

Formulieren Sie Ihre Fragen daher immer so, dass sie nur durch ein eindeutiges Ja oder Nein zu beantworten sind. Alles andere geht daneben, weil das Bauchgefühl eine Entscheidungshilfe und kein Kreativzentrum ist.

Wer nun vorhat, sein Bauchgefühl in Zukunft verstärkt zu nutzen, dem empfehle ich, es vorher kennenzulernen und zu trainieren. Suchen Sie sich dafür am Anfang immer wieder Situationen, deren Ausgang wirklich nur auf zwei Alternativen beschränkt ist. Gut geeignet hierfür sind zum Beispiel Quizsendungen im Fernsehen oder aber auch Bewerbergespräche, bei denen einer der Kandidaten ausscheidet. Machen Sie Ihren Geist leer, und versuchen Sie, eine Antwort zu erhalten. Denken Sie immer daran: Es gibt jemanden, der die Antwort kennt. Wägen Sie die beiden Optionen ab und lassen Sie das unterschiedliche Gefühl zu, das die beiden Alternativen jeweils in Ihrem Bauch erzeugen. Hinterfragen Sie sich unbedingt: Welche Erwartungen hegen Sie? Lassen Sie sich dadurch beeinflussen? Versuchen Sie, unabhängig auszuwählen. Legen Sie sich dann fest und überprüfen Sie das Ergebnis. Suchen Sie schließlich die nächste Frage und beginnen Sie die Übung von vorne.

Besonders interessant ist die Sache dort, wo eine Entscheidung erst von einem Publikum zu treffen sein wird wie beispielsweise bei einer Casting-Show. Dann kann man nämlich feststellen, wie zielsicher man in der Lage ist, mittels Bauchgefühl eine vorhandene Stimmung, die ja auch Schwingungen aussendet, zu erkennen. Da das Ganze nichts mit Hellsehen zu tun hat, sollten Sie unbedingt darauf achten, dass alle Kandidaten ihren Auftritt bereits absolviert haben, bevor Sie sich daranmachen, intuitiv den von den Zuschauern gewählten Sieger zu ermitteln.

Besonders spannend fand ich im Zusammenhang mit dem Thema Intuition den als Orakel bekannt gewordenen Oktopus Paul, der mit überragender Treffsicherheit die Ergebnisse der Fußballweltmeisterschaft 2010 vorausgesagt hat. Nachdem die Krake vor jedem Spiel auffallend oft den Sieger ausgewählt hatte, traten sofort Verschwörungstheoretiker auf den Plan. Paul machte seine Vorhersage, indem er sich für eine von zwei Muscheln entschied, die in einem Glaskasten lagen, der jeweils mit der Flagge einer der antretenden Mannschaften gekennzeichnet war. Die

Mannschaft, für deren Muschel sich das Tier entschied, wurde damit von diesem zum Sieger erklärt. Das rief sofort Experten auf den Plan, die erklärten, dass Kraken manche Muschelsorten bevorzugen. Der Pfleger hätte also der Krake nur eine Muschel seiner Lieblingssorte vorsetzen müssen und eine, die er weniger gerne aß. Naturgemäß würde das Tier automatisch zu jener Muschel greifen, die ihm besser schmecke.

Auch wenn ich weder an übersinnliche Kräfte noch an sonstigen Hokuspokus glaube, hat diese intuitionsfeindliche Erklärung einen Schönheitsfehler: Selbst wenn diese Theorie zuträfe, müsste trotzdem jemand die richtigen Vorahnungen gehabt haben und die wohlschmeckende Muschel zur Flagge des späteren Siegers gelegt haben. Aber vielleicht ist ja auch hier einfach ein frühes Ahnen dem späteren Wissen vorausgegangen.

ÜBUNGEN

Wo liegt der Unterschied zwischen Emotion und Intuition?

....

Auf welches der beiden Gefühle hören Sie mehr? Warum?

....

Wann haben Sie das letzte Mal aus einer Intuition heraus richtig entschieden?

....

Wenn Verstand und Intuition das Gegenteil sagen: Worauf hören Sie? Warum?

....

Gelingt es Ihnen, ein Problem distanziert zu betrachten?

....

Wann lassen Sie Ihrer Intuition Raum? Wann nicht? Warum?

....

Können Sie zugeben, etwas aus dem Bauch heraus entschieden zu haben?

....

*Gegenwart und Vergangenheit
lassen sich nicht vergleichen.*

(aus China)

5. Schaue niemals zurück

*Wenn die Entscheidung einmal gefallen und der
Zeitpunkt zum Handeln gekommen ist, dann sollte
man jegliche Angst und Sorge bezüglich der Folgen
dieser Entscheidung ein für alle Mal fallenlassen.*

(Wiliam James)

Lerne, dass Zurückschauen dir Zeit und Energie raubt für gegenwärtige Entscheidungen

Wenn Sie in diesem Kapitel angekommen sind, haben Sie
bereits eine ganze Menge geschafft. Sie haben gelernt, bewusst zu entscheiden, Sie können Beeinflussungen ignorieren, und Sie wissen, wie man die Intuition über den Verstand stellt. Sie verfügen also über das nötige Rüstzeug, um
gute und nachhaltige Entscheidungen zu treffen. Fühlt sich
doch gut an, oder? Gleichzeitig ist Ihnen vielleicht auch
die – durchaus verständliche – Idee gekommen, einmal
zurückzuschauen und zu beurteilen, was aus einer früher
getroffenen Entscheidung geworden ist. Vielleicht denken
Sie, es sei doch interessant, einmal zu sehen, ob sich der
Entschluss am Ende als richtig herausgestellt hat. Und weitere Fragen könnten Sie sich stellen: Sollte ich in einer ähnlichen Situation noch einmal genauso entscheiden? Sollte
ich mir dann doch lieber etwas anderes überlegen?
Vermeintlich lassen sich all diese Fragen leicht beantworten, indem man einfach zurückschaut und sieht, was aus

einer Entscheidung geworden ist. Warum nur vermeintlich? Weil die Idee, eine eigene Entscheidung in der Rückschau rational zu beurteilen, so vielversprechend sie in der Theorie auch scheinen mag, in der Praxis schlicht unbrauchbar ist. Dieser Gedanke steht so sehr im Widerspruch zur Funktionsweise unseres Geistes, dass ihre Anwendung fast fahrlässig wäre.

In Wirklichkeit treffen wir nämlich die meisten Entscheidungen aus einer Emotion heraus und suchen später, wenn der Entschluss bereits feststeht, rationale Gründe, um ihn zu rechtfertigen.

Stellen Sie sich zum Beispiel vor, Sie hätten gerne ein neues Auto. Genau genommen können Sie es sich nicht leisten, und eigentlich brauchen Sie es tatsächlich nicht, aber Sie hätten es eben gerne. Also treffen Sie unbewusst die Entscheidung, es anzuschaffen. Plötzlich kommt Ihr Verstand ins Spiel, der wissen möchte, was Sie da gerade tun: »Lass das. Du brauchst das Auto nicht.« Zu spät. Der Entschluss steht fest. »Was heißt, ich brauche es nicht? Was braucht man denn schon? Mein jetziges Auto ist doch ohnehin zu klein, und in einem größeren Wagen könnte ich mehr transportieren. Dann könnte ich auch mehr Kunden beliefern, und das Geschäft ginge besser. Außerdem ist der Neuwagen jetzt gerade besonders preisgünstig zu haben, und wer weiß, wann ich so einen je wieder so billig bekomme!« Verstehen Sie, was ich meine? Öfter, als Sie wahrscheinlich annehmen, liegt die Aufgabe des Verstandes nicht einmal mehr darin, das Für und Wider einer Sache abzuwägen. Er beschränkt sich meist einzig darauf, eine impulsiv getroffene Entscheidung vor uns selbst zu rechtfertigen.

Das hat die unangenehme Folge, dass wir unser Denken so programmiert haben, dass wir ausschließlich nach Bestätigung für unsere Annahmen und Entscheidungen suchen, gleichzeitig aber die gegenläufigen Bedenken gar nicht erst aufkommen lassen. Das kann man sehr schön daran erkennen, dass meist jene Argumente überwiegen, die für eine im Grunde bereits getroffene Entscheidung sprechen. Noch schlimmer wird es dort, wo die Gegenargumente gar nicht mehr ins Spiel gebracht werden. Sofern man also nicht über den im Loslassen geübten Geist eines Zen-Meisters verfügt, ist der menschliche Verstand ein erstaunlich untaugliches Mittel, um im Rückblick die Qualität einer Entscheidung zu beurteilen.

Allgemein scheint die Gewohnheit tief in uns Menschen verwurzelt zu sein, grundsätzlich nach Bestätigungen für unsere Annahmen zu suchen und gleichzeitig alles zu vermeiden, was unseren Vorstellungen widerspricht.

Dieses Verhalten habe ich häufig bei Reisegästen beobachten können, die ich als Reiseleiter auf den asiatischen Kontinent begleitet habe. Die meisten verbinden mit Asien Armut und Obdachlosigkeit. Ein Umstand, der leider fraglos auf viele Gegenden dieses Riesenkontinents zutrifft, aber eben nicht auf alle. So ist auch Kuala Lumpur, die Hauptstadt Malaysias, eine hochmoderne Weltstadt, die sich in puncto Lebensstandard mit vielen westlichen Städten vergleichen kann und manche sogar übertrifft. Da aber Malaysia nach offizieller behördlicher Einteilung zur »Dritten Welt« gehört, kann der Glanz nur Fassade sein. Stehen nun die Gäste staunend vor den Petronas Twin Towers, die bis

147

heute den Rekord als höchste Zwillingstürme der Welt halten, folgt meist die Frage: »Sagen Sie, Herr Reiseleiter, wo sind denn hier die Slums?« Nun mag es zwar auch in Malaysia Armut geben, aber die aus Indien bekannten Armenviertel existieren hier nicht. Daher antworte ich meist lapidar: »Hier gibt es keine Slums!« Worauf immer mindestens ein Reisegast zur Antwort gibt: »Na ja, dann kennen Sie die eben nicht. Geben wird es die wohl schon.« Dann folgt eine lebhafte Diskussion über eine Fernsehreportage, in der über die bittere Armut in Asien und über Menschen berichtet wurde, die auf der Straße leben. Gleichzeitig zeigt man aber lobendes Verständnis für den Umstand, dass der Reiseleiter seinen Gästen diesen sicher unerfreulichen Anblick ersparen möchte.

Auf die Idee, die vorgefertigte Meinung zu korrigieren und die Tatsache zu akzeptieren, dass sie in diesem Fall falsch war, kommen die wenigsten.

Vermeide Rechtfertigungen

So ist es mit vielem. Wenn wir eine Entscheidung einmal getroffen haben, suchen wir noch lange nach Beweisen dafür, dass es auch die richtige war. Interessanterweise tun wir das selbst dann, wenn wir eigentlich längst wissen müssten, dass wir einen anderen Ausgang der Sache erwartet haben. Was an diesem Verhalten nachteilig ist?

Unsere fast zwanghafte Rechtfertigung verhindert, dass wir eine Entscheidungssituation abschließen und über eine neue Entscheidung nachdenken können.

Die Diskussion in unserem Kopf hält uns in einer lähmenden Schwebe. Schließlich ist unser Geist ja damit beschäftigt, uns die alte Entscheidung schönzureden oder sie – zumindest vor uns selbst – zu rechtfertigen. In Shaolin erzählt man sich von zwei Mönchen, die auf der Wanderschaft waren, als sie eines Tages an einen Fluss kamen. An dessen Ufer stand eine junge Frau mit wunderschönen Kleidern. Sie wollte den Fluss überqueren, aber da das Wasser sehr tief war, war ihr das nicht möglich, ohne ihre Kleider zu beschädigen. Ohne zu zögern, ging einer der Mönche auf die Frau zu, hob sie auf seine Schultern und watete mit ihr durch das Wasser. So erreichte sie trockenen Fußes das andere Ufer. Nachdem auch der andere Mönch den Fluss durchquert hatte, setzten die beiden ihre Wanderung fort. Nach etwa einer Stunde begann der eine Mönch den anderen zu tadeln:»Du weißt doch, dass das, was du getan hast, nicht richtig war, nicht wahr? Du weißt, dass wir keinen nahen Kontakt mit Frauen haben dürfen. Wie konntest du nur gegen diese Regel verstoßen?« Der Mönch, der die Frau durch den Fluss getragen hatte, hörte sich die Worte des anderen ruhig an. Dann antwortete er:»Ich habe die Frau vor einer Stunde am Fluss abgesetzt. Warum trägst du sie immer noch mit dir herum?«
Diese Geschichte verdeutlicht aber auch ein anderes Phänomen: Ein Rückblick weckt nicht nur Erinnerungen. Vielmehr lässt er auch die Emotionen wieder lebendig werden, die mit einer lange vergangenen Situation verbunden sind. Ein höchst unerfreulicher Umstand, der Ihnen sicher sehr bekannt ist.

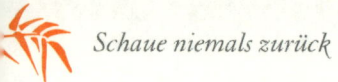

Denn ob Zorn, Wut oder Trauer: All diese Gefühle richten sich, sobald der vermeintliche Verursacher einmal außer Sichtweite ist, alleine gegen uns selbst.

Doch nicht abgeschlossene Entscheidungsprozesse haben noch eine Nebenwirkung, die weit über das hinausgeht, was den meisten Menschen bewusst ist:

*Unser sonst so geniales Gehirn
ist unter gar keinen Umständen fähig,
an zwei Dinge gleichzeitig zu denken.*

So sind wir nicht einmal in der Lage, zwei Eindrücke gleichzeitig zu verarbeiten, sobald diese durch dieselben Nervenbahnen geleitet werden. Diesen Umstand machen sich Ärzte zunutze, die eine Körperstelle vereisen. Da sowohl das Signal für Kälte als auch das für Schmerz auf der gleichen Nervenbahn ins Gehirn geleitet werden, kommt jeweils nur das stärkere an. Im konkreten Fall überlagert das Gefühl der Kälte den Schmerz. Leider hat diese Eigenart unseres Körpers auch den unangenehmen Effekt, dass Menschen nicht bemerken, wenn ihnen Gliedmaßen abfrieren. Sie fühlen nur, dass ihre Zehen kalt sind.

Im wirklichen Leben allerdings hat der Umstand, dass wir immer nur an eine Sache gleichzeitig denken können, gravierende Auswirkungen. Sobald wir nämlich auf vergangene Entscheidungen zurückschauen, sind wir nicht mehr mit unsern Gedanken bei der Gegenwart.

*Nicht abgeschlossene Entscheidungsprozesse
verhindern konsequent jeden neuen.*

Genau das ist es aber, was sie so gefährlich macht. »Für die echte Wahrnehmung«, heißt es in China, »zählt nur der Augenblick. Sobald man zu reflektieren oder nachzudenken beginnt, schweift man ab.«

Stellen Sie sich einen Kämpfer vor, der sich mitten in einem Kampf überlegt, warum er das letzte Mal verloren hat! Oder folgendes Beispiel: Sie gehen gerade spazieren. Plötzlich kommt ein Mann auf Sie zu, der Sie um etwas Kleingeld bittet. Aus welchen Gründen auch immer haben Sie in diesem Moment absolut keine Lust, ihm etwas zu geben. Sie teilen das also dem Mann mit und gehen weiter. Keine zwanzig Schritte weiter überkommt Sie das schlechte Gewissen. In Ihrem Kopf beginnt es zu arbeiten: »Ich weiß schon, dass ich ihm etwas hätte geben sollen. Aber was, wenn er von so einer Bettlermafia ist, die soll man doch nicht unterstützen! Klar könnte er das Geld trotzdem gebrauchen. Aber eigentlich kann ich es mir doch gar nicht leisten! Na, komm, den einen Euro hättest du schon gehabt!« So geht es weiter. Ihr Geist ist unachtsam, bis Sie im schlimmsten Fall gedankenverloren über etwas stolpern oder einen anderen Fehltritt tun. Dabei geht es mir hier nicht um die Frage, ob man Bettlern Geld geben soll. Das möge jeder halten, wie er meint. Ich verstehe lediglich Folgendes nicht: Warum müssen sich so viele Menschen ständig vor sich selbst rechtfertigen?

Warum können wir nicht einfach zu uns sagen: »Ich möchte das jetzt nicht. Punkt.« Reicht das denn nicht?

Warum müssen wir über jede Entscheidung,
erscheine sie uns nun richtig oder falsch, so lange nachdenken,
bis wir sie vor unserem Verstand gerechtfertigt haben?

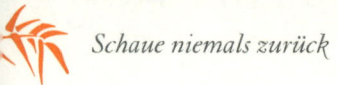

Was macht es so schwer, einfach zu sagen: »Ich tue das, weil ich es will!« oder »Ich tue das nicht, weil ich es nicht will.«?

Entscheidungsprozesse bewusst abschließen

Vielleicht machen wir uns nicht deutlich, wie notwendig es ist, schlichtweg Entscheidungen zu treffen. Haben wir Angst? Weil emotional getroffene Entscheidungen gefährlich sein können? Nun, da gebe ich Ihnen durchaus recht. Für noch gefährlicher halte ich es aber, eine Entscheidung aus einem Wunsch heraus zu treffen und sich dann einzureden, rein rationale Argumente hätten uns zu ihr bewogen. Dann nämlich manövrieren wir uns gedanklich in eine Sackgasse. Bitte machen Sie sich das bewusst:

Wenn der eingeschlagene Weg ohnehin der einzig gangbare gewesen ist, worüber sollten Sie dann noch groß nachdenken?

Werden Entscheidungsprozesse nicht abgeschlossen, kann uns das noch auf andere Art gefährlich werden. Ist Ihnen eigentlich bewusst, dass Sie sich dadurch angreifbar machen? Stellen Sie sich vor, ein paar Minuten nachdem Sie dem Bettler das Geld verweigert haben, treffen Sie einen Bekannten. Sofort kommen Sie mit ihm ins Gespräch über dieses Thema. »Was, du hast ihm wirklich nichts gegeben?«, fragt der Bekannte entsetzt. »Also ich hätte das auf jeden Fall getan.« Wollen Sie jetzt wirklich behaupten, dass Sie noch ruhig und emotionsfrei reagieren können? Ich wage das zu bezweifeln. Damit aber nicht genug.

Die Rückschau behindert jeden Fortschritt, jedes Weiterkommen.

Der indische Philosoph Jiddu Krishnamurti hat das einmal folgendermaßen formuliert: »Ohne die Einmischung der Vergangenheit zu sehen bedeutet, in völliger Stille zu schauen. Aus dieser Stille heraus entsteht eine Umwandlung, die nicht erdacht, nicht geplant und nicht konditioniert ist. Nur eine solche Umwandlung kann der Welt Ordnung bringen.« Was also ist zu tun?

Ich halte es für das Beste, jede Entscheidung
ganz bewusst abzuschließen.

Danach können Sie unbeeinflusst die nächste Entscheidung treffen. So, als hätte es keine Entscheidung vor ihr gegeben. Denn mir gefällt der Gedanke nicht, den Ausgang früherer Entscheidungen in aktuelle Beschlüsse einzubeziehen. Das halte ich einfach für keine gute Idee. Vielmehr frage ich mich sogar, ob es nicht respektlos wäre, eine Entscheidung so zu behandeln, als wäre sie in diesem Moment nicht etwas Besonderes und Einzigartiges.

Woher kommt dann aber der ständige Drang in uns Menschen
zurückzuschauen, wenn das gar nicht gut ist?

Wir sind vom Verstand gesteuerte Wesen und möchten daher unsere Entscheidungen unbedingt beurteilen. Doch gerade in dieser Idee des Beurteilens liegt meines Erachtens der eigentliche Fehler. Denn auch wenn es bei oberflächlicher Betrachtung scheint, als könnten wir Entscheidungen im Nachhinein bewerten, erkennt man bei genauerem Hinsehen, dass das unmöglich ist.
In Shaolin erzählt man sich, dass ein alter Zen-Meister

Pferde züchtete. Es lebte bei ihm nur ein einziger anderer Mönch. Eines Tages lief sein wertvollster Hengst davon. Die Nachbarn kamen, um ihr Bedauern auszudrücken, doch der Zen-Meister sagte nur: »Woher wisst ihr, dass dies ein Unglück ist?« Am nächsten Tag kam der Hengst, begleitet von einigen Wildpferden, zurück, und die Nachbarn kamen wieder, um zu dem Glücksfall zu gratulieren, doch der Zen-Meister sagte nur: »Woher wisst ihr, dass dies ein Glücksfall ist?« Am nächsten Tag wurde der Mönch beim Versuch, eines der Tiere zuzureiten, abgeworfen und brach sich ein Bein. Wieder kamen die Nachbarn, um ihr Mitleid zu bekunden, doch der Zen-Meister sagte nur: »Woher wisst ihr, dass dies ein Unglück ist?« Kurz darauf kam es zu kriegerischen Auseinandersetzungen, doch da der Mönch verletzt war, wurde er nicht als Soldat einberufen. Wer wollte nun wissen, ob es ein Glück oder ein Unglück war?

Eine Entscheidung ist eine Entscheidung

Im ersten Kapitel habe ich bereits geschrieben, dass eine Entscheidung immer nur für den Moment ihre Richtigkeit hat, in dem sie getroffen worden ist. Niccolò Machiavelli hat einmal gesagt: »In allen menschlichen Dingen zeigt sich bei genauer Prüfung, dass man nie einen Übelstand beseitigen kann, ohne dass ein anderer daraus entsteht. Wir müssen daher bei all unseren Entschlüssen erwägen, wo das kleinere Übel liegt, und den danach gefassten Entschluss für den besten halten, weil alles auf der Welt seine Schattenseiten hat.«

Sie mögen jetzt einwenden, dass es doch sehr wohl möglich

sei, zurückzuschauen und festzustellen, ob eine Entscheidung das gewünschte Ergebnis gebracht hat oder nicht. Folglich könne man sie auch beurteilen.

Glauben Sie mir: Das ist definitiv nicht der Fall. Und selbst wenn es so wäre: Es würde uns bei einer anstehenden neuen Entscheidung nicht helfen. Ein Rückblick ist daher sinnlose Zeitverschwendung.

Warum das so ist? Lassen Sie es mich Ihnen noch einmal vor Augen führen: Die Schwierigkeiten, aus der Vergangenheit Schlüsse für die Gegenwart zu ziehen, beginnen doch damit, dass sich die Bedingungen ständig ändern. So auch die Annahmen, die Sie einer Entscheidung zugrunde gelegt haben. Neue Erkenntnisse relativieren alte Ansichten – und das keineswegs zum letzten Mal. Was wir heute zu wissen glauben, so denken viele, hat Bestand für immer. Ein Irrtum, dem die Menschen seit Ewigkeiten aufsitzen, wie ein einfaches Gedankenexperiment zeigt.

So gab es, wie Ihnen sicher bekannt ist, eine Zeit, in welcher die Menschen der Meinung waren, die Erde sei eine Scheibe. Alles, was damals entschieden wurde, hatte seine Grundlage in dieser Annahme und war für die damalige Zeit daher auch völlig richtig. Heute lachen wir über diese Vorstellung.

Über welche unserer heutigen Ansichten aber, so frage ich mich, werden die Menschen in tausend Jahren lachen?

Verstehen Sie, was ich meine? Mit großer Selbstverständlichkeit erkennen wir die Rahmenbedingungen von einst als falsch. Wo aber beginnt diese damalige Zeit? Vor tausend Jahren? Vor einem Jahr? Oder vielleicht vor einer Sekunde?

Nun kommt zu alldem noch folgende Überlegung, die uns helfen kann zu verstehen, warum ein Rückblick so wenig Sinn macht. Die meisten Menschen blicken nämlich nicht zurück, um sich freudig dafür zu loben, welch gute Entscheidung sie in der Vergangenheit getroffen haben. Ganz im Gegenteil, sie versuchen in Gedanken, vor jenen Zeitpunkt zurückzukehren, an dem sie einen im Nachhinein als falsch erkannten Entschluss gefasst haben. Sie beginnen, darüber zu phantasieren, wie anders – und vor allem, um wie vieles besser – ihr Leben verlaufen wäre, hätten sie doch damals nur anders entschieden. Das kommt Ihnen bekannt vor?

Lassen Sie mich Ihnen etwas mit auf den Weg geben: Sie haben Ihre Entscheidung getroffen. Das war es dann auch schon. Mehr gibt es nicht.

Nichts, was wir getan haben, lässt sich ungeschehen machen.

Es bleibt in der Welt, ob es uns gefällt oder nicht. Wozu also Zeit und Energie verschwenden für etwas, das ohnehin unveränderlich ist? Das belastet Sie nur und »müllt« Ihre Gedanken zu. Die Erde dreht sich nach jeder Entscheidung weiter.

Sehr schön zu sehen ist dieser Mechanismus am Beispiel einer Zeitreise. Haben wir nicht alle als Kinder davon geträumt? Nehmen wir also an, Wissenschaftlern wäre es gelungen, eine entsprechende Maschine zu bauen, und Sie treten nun als Erster die Reise in die Vergangenheit an. Da Sie schon seit Ihrer Schulzeit unbedingt einmal mit Julius Caesar plaudern wollten, entscheiden Sie sich für einen Ausflug ins alte Rom. Dort angekommen, hat Caesar eigentlich gar keine Zeit. Schließlich hat er ja zu diesem Zeitpunkt der

Vergangenheit mit jemand anderem gesprochen. Aber er entscheidet sich, dem Besucher aus der fernen Zukunft Vorrang zu geben, und schenkt Ihnen etwas von seiner Zeit. Sind Sie da? Dann sagen Sie mir doch bitte, ob Sie wirklich glauben, dass diese zehn Minuten keinerlei Auswirkungen auf den Verlauf der Weltgeschichte hätten. Vergessen Sie nie, dass wir nicht alleine sind. Dann erkennen Sie, wie gefährlich jeder zurückgewandte Gedanke ist.

Sie können sich die Sache nämlich auch so vorstellen, als spielten Sie gegen den Weltmeister eine Runde Schach. Nachdem Sie diese verloren haben, analysieren Sie die Partie und finden tatsächlich den entscheidenden Zug: Hier ist es passiert! Wenn Sie den Springer nicht gezogen hätten, wären Sie wohl als Sieger aus der Begegnung hervorgegangen. Aber mal ganz ehrlich: Denken Sie wirklich, der Weltmeister hätte nicht auch auf einen geänderten Spielzug zu reagieren gewusst?

Lerne aus Fehlern

Sind Sie bei mir? Dann möchte ich Ihnen jetzt die einzige Ausnahme von der Regel verraten. Es gibt tatsächlich eine Voraussetzung, unter der es nicht nur sinnvoll, sondern sogar zwingend notwendig ist, zurückzuschauen. Sie sei Ihnen hiermit verraten:

Ein Rückblick ist dann – und nur dann – sinnvoll, wenn Sie aus einer früheren Entscheidung tatsächlich etwas lernen können.

Wo immer Sie es nämlich mit absolut unverrückbaren Tatsachen zu tun haben, die keine menschliche Entscheidung

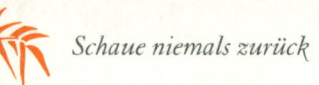

aufheben kann, dürfen Sie damit rechnen, die gleichen Umstände auch beim nächsten Mal wieder anzutreffen.

Ein Beispiel: Sind Sie einmal mit Sommersandalen auf einen Gletscher gegangen und haben sich dabei eisig kalte Füße geholt, macht es wenig Sinn, auf das Zurückschauen zu verzichten und beim nächsten Mal so zu tun, als wüssten Sie nicht, wie kalt es auf einem Gletscher ist. In einem solchen Fall kann man durch Zurückschauen durchaus etwas lernen. In allen anderen Fällen aber halte ich es für das Beste, sich auf das zu konzentrieren, was Sie gerade zu tun haben: eine gute, nachhaltige Entscheidung für den Moment zu treffen.

Vergangenheit und Gegenwart, so haben Sie gesehen, lassen sich nämlich ohnehin nicht vergleichen.

ÜBUNGEN

Sie geben einem Bettler auf der Straße fünf Euro. Als Sie sich
umdrehen, sehen Sie, wie dieser das Geld in die Gosse wirft.
Wie reagieren Sie? Warum?

....

Um Ihrer Firma Geld zu sparen, haben Sie bewusst in einem
günstigen Hotel übernachtet. Bei der Abrechnung erklärt man Ihnen,
Sie hätten ruhig auch ein teureres nehmen können, das Unternehmen könne sich das schon leisten. Wie reagieren Sie? Warum?

....

Was haben Sie als Kind als selbstverständliche Tatsache gelernt,
das heute keine Gültigkeit mehr hat?

....

Wie oft haben Sie sich für eine richtige Entscheidung gelobt?

....

Wie oft haben Sie sich für eine falsche getadelt?

....

Warum hängen Menschen, die Fehler gemacht haben, lieber der
Vergangenheit nach, als ihre Sache in der Gegenwart besser zu
machen?

....

Denken Sie gleichzeitig an ein Kamel in der Wüste und an eine
Geburtstagsfeier in einem Lokal.

....

Gegen einen matten,
von tausend Rücksichten
gelähmten, kaum noch
vorhandenen Entschluss
ist oft der Schein des
Widerstandes genug.

(Carl von Clausewitz)

6. Erlange Durchsetzungskraft

Angriff ist die beste Verteidigung.
(Gebhard Leberecht von Blücher)

Lerne, dass du Entscheidungen entweder treffen oder ertragen musst

Kommt in einem Gespräch das Thema auf das Shaolin-Kloster und seine legendären Bewohner, entsteht in den Köpfen der Zuhörer meist ein Bild wie dieses: In einer großen Halle sitzen orange gewandete, still meditierende Männer, deren Lebensziel darin besteht, wo immer möglich einem Kampf aus dem Weg zu gehen und jede wie auch immer geartete Auseinandersetzung durch Nachgeben zu vermeiden. Alleine dort, so möchten viele glauben, wo Kampf der einzige Ausweg ist, sind die Mönche bereit, ihr Leben mit ausschließlich abwehrenden Techniken zu verteidigen. Wer dieses Bild vor sich sieht, hat etwas nicht ganz richtig verstanden. So schön es nämlich auch sein mag, so wenig hat es mit der Wirklichkeit zu tun. Mögen sie auch in ihrem Innersten friedliebend gewesen sein, die Bewohner von Shaolin waren Mönche und Elite-Soldaten. Sie haben lange Zeit die Geschichte Chinas maßgeblich beeinflusst. Anders wäre es wohl kaum zu erklären, dass das von ihnen entwickelte Waffenarsenal weit über das hinausgeht, was man alleine zu seiner Verteidigung braucht.

Es mag sich mit unserer Weltanschauung nur schwer vereinbaren lassen, dass jemand gleichzeitig Mönch und

Soldat sein kann, aber in Shaolin fand und findet diesen Gedanken niemand seltsam. Sehr wahrscheinlich ist das so, weil die Mönche von Shaolin immer bereit waren, das Leben als das zu akzeptieren, was es ist. Denn gerade in Shaolin weiß man schon lange: »Das Gute wie das Schlechte ist wahr, und beides sind Dinge dieser Welt.« Das gilt auch für den Kampf. Man kann versuchen, ihm aus dem Weg zu gehen, soviel man möchte. Ist der Gegner dazu nicht bereit, kann man nur die Herausforderung annehmen, oder man hat von vornherein verloren.

Drohe nicht, handle

Bereits tausend Jahre vor der Gründung des Klosters hatte Konfuzius erkannt, dass »Gefahr entsteht, wo einer sich auf seinem Platz sicher fühlt. Untergang droht, wo einer seinen Bestand zu wahren sucht. Verwirrung wächst, wo einer alles in Ordnung hat. Daher vergisst der Weise, wenn er sicher ist, nicht die Gefahr, und wenn er Bestand hat, nicht den Untergang, und wenn er Ordnung hat, nicht die Verwirrung. So kommt er persönlich in Sicherheit und vermag das Gebiet zu schützen.« Verstehen Sie mich jetzt nicht falsch. Shaolin-Mönche waren keine Wikinger, die mordend und brandschatzend durch die Lande zogen.

Aber wo ihnen der Kampf das geeignete Mittel schien, um eine Entscheidung herbeizuführen, waren sie dazu bereit.

Das mag Sie verwundern, da es doch gerade die Fähigkeit zum kampflosen Sieg war, die das Kloster so berühmt gemacht hat. Nehmen Sie aber als Beispiel den japanischen

Schwertkämpfer Musashi. Auch er kam nicht als unbesiegbar auf die Welt, sondern musste sich diesen Status erst in vielen Kämpfen erwerben. So war es auch bei den Mönchen von Shaolin. In den Gründungsjahren wurden die Shaolin-Mönche immer wieder Opfer von Raubüberfällen, da man im Kloster große Schätze vermutete. Erst die Bereitschaft der Mönche, diesen Umstand zu akzeptieren und entschieden zu reagieren, trug ihnen den Ruf ein, unbesiegbar zu sein. Ein Ruf, der es ihnen am Ende erst ermöglichte, viele Situationen kampflos zu entscheiden.

Grundlage dafür war wohl eine eiserne Regel, die jeder Schüler verinnerlichen musste:

»Drohe niemals. Handle!«

Wer eine Auseinandersetzung provozierte, der wurde meist tot vom Kampfplatz getragen. Eine Regel, die, wenn auch nicht mehr in dieser Härte, bis heute Gültigkeit hat. Ganz konkret erinnere ich mich in diesem Zusammenhang an eine Situation bei einem meiner ersten Aufenthalte in Shaolin. Außer mir war auch ein italienischer Kung-Fu-Trainer mit seiner Gruppe angereist. Im Laufe des Trainings entwickelte sich ein Disput zwischen ihm und einem älteren Meister. Es ging wohl darum, dass der Mönch einige Male die Haltung des Italieners korrigiert hatte, was ja schließlich der eigentliche Zweck des Aufenthaltes war. Doch dieser fühlte sich angegriffen. Zuerst beschimpfte er den älteren Shaolin-Mönch und ging dann mit den Fäusten auf ihn los. Einmal ganz abgesehen davon, dass sich so etwas grundsätzlich nicht gehört – der italienische Trainer hatte offensichtlich seinen Gegner unter- und die eigenen

Kräfte überschätzt. Denn als ihm seine Schüler wieder vom Boden aufhalfen, ließen seine Verletzungen einen Besuch im Krankenhaus angeraten erscheinen.

Siegen heißt entwaffnen

Auch wenn wir es mit unseren Moralvorstellungen nicht gutheißen mögen, einen Angreifer im Wortsinn kampfunfähig zu machen hat einen großen Vorteil: Man hält sich eine große Menge potentieller Gegner und damit auch Ärger vom Hals. Daher kennen die meisten asiatischen Nahkampfstile durchaus Techniken für den Angriff. Das mag Sie erstaunen, aber auch diese dienen letzten Endes der Vermeidung von Kampf.

Von den japanischen Ninja-Kämpfern, den berühmten Gegenspielern der Samurai, ist sogar bekannt, dass sie noch einen Schritt weiter gingen. Die jungen Ninja lernten: »Vermeide den Kampf, solange es irgendwie möglich ist. Erkennst du aber, dass eine Auseinandersetzung unausweichlich ist, musst du derjenige sein, der den ersten Schlag führt. Dadurch vermeidest du Überraschungen und bringst die Entscheidung in deine Hand.«

Bereit sein zum Kampf

Diese Vorgehensweise mag in unserer vorgeblich defensiv eingestellten Gesellschaft barbarisch anmuten. Doch es steckt ein guter Gedanke darin.

Wer nämlich einen Angriff parieren muss, ist naturgemäß immer der Zweite. Im Vorteil ist, wer den ersten Schlag führt.

Und wenn ein Kampf durch Betreiben des Gegners ohnehin unausweichlich ist, worauf noch warten?

Sollten meine deutlichen Worte Sie verwundern, vergessen Sie bitte eines nicht:

Nur weil Sie einen Kampf nicht wollen, bedeutet das noch lange nicht, dass auch Ihr Gegner bereit ist, auf ihn zu verzichten!

Es könnte jetzt so klingen, als sei ich der Meinung, Durchsetzungskraft habe etwas mit der Bereitschaft zu tun, nötigenfalls mit Gewalt zu agieren. Ganz im Gegenteil. Wer meint, Gewalt anwenden zu müssen, zeigt damit keine Durchsetzungskraft, sondern dies ist ein deutliches Symptom für ihr Fehlen. Erinnern Sie sich noch daran, dass Kampf das Werkzeug der Natur ist, mit dem diese Entscheidungen herbeiführt? Wer in der Lage ist, kampflos zu siegen, der hat eine notwendige Entscheidung bereits herbeigeführt, bevor der Gegner überhaupt an Kampf denkt.

Durchsetzungskraft und Beherrschbarkeit

Allein die demonstrative Bereitschaft zum Kampf kann eine ganze Menge Ärger ersparen. »Denn während die Weisen grübeln«, heißt es in China, »erobern die Dummen die Festung.« Ein schönes Beispiel für die Effizienz dieser Vorgehensweise liefern uns auch hier die Vertreter des Staates. Wenn nämlich ein Richter in letzter Instanz entschieden hat, dass Sie einer Person Geld schulden, von der Sie noch nie in Ihrem Leben etwas gehört haben, werden Sie es, zwar zähneknirschend, aber doch bezahlen. Schließlich ist Ihnen sehr wohl bekannt, was andernfalls passiert.

Dass Sie den Betrag überhaupt nicht schulden, tut da plötzlich nichts mehr zur Sache. Genauso wenig würden Sie wohl mit dem Finanzamt diskutieren, wenn man dort partout nicht einsehen möchte, sich bei einer verhältnismäßig geringen Summe zu Ihren Ungunsten geirrt zu haben. In beiden Fällen hilft alleine die unverhohlene Androhung von Gewalt dem Angreifer dazu, kampflos zum Ziel zu kommen.

Meiner Ansicht nach hieße es, unsere Welt und die darin lebenden Menschen zu verkennen, würde ich behaupten, dass es nicht Situationen gibt, in denen die Entscheidung zur Gewalt die einzig mögliche ist.

Manchmal kommen wir erst zu einem Zeitpunkt in eine Situation, an dem die Entscheidung für den Kampf bereits getroffen ist. Gerade in der heutigen Zeit passiert das leider öfter, als die meisten Menschen wahrhaben wollen, wie das folgende Beispiel zeigt.

Wichtig aber ist, dass Sie sich dem Kampf stellen,
sollte er einmal unausweichlich sein.

Es sollte Ihnen in jeder Sekunde klar sein, dass es absolut notwendig ist, die Sache dann auch zu einem Ende zu bringen. Für gewaltbereite Menschen gibt es so etwas wie eine Moral nicht. Wer nicht bereit ist, notfalls so weit zu gehen, wie der Gegner es herausfordert, sollte alles versuchen, um den Kampf zu vermeiden.

Ich muss immer wieder an jenen schrecklichen Vorfall denken, bei dem ein Manager seinen unglaublich mutigen Entschluss mit dem Leben bezahlte, einem von einer Gruppe Halbstarker bedrängten Jugendlichen zu Hilfe zu kommen. Welche Ironie des Schicksals, dass der Mann als ausgebildeter Boxer durchaus in der Lage gewesen wäre, die Angreifer auszuschalten! Doch seine eigenen Moralvorstellungen oder die Angst vor Konsequenzen haben ihn davon abgehalten, es auch zu tun. Am Ende verletzten ihn die Jugendlichen, die sich offenbar weder von Moral noch von möglichen Konsequenzen beeindrucken ließen, schließlich so schwer, dass er daran starb.

> *»Nur die Hälfte des Weges zurücklegen und dann schwach werden«, sagt man in Shaolin, »das ist es, was du am meisten fürchten sollst.«*

Ein Kämpfer erzwingt, wo nötig, schnellstmöglich eine Entscheidung und fürchtet sie nicht. Er denkt im Moment des Kampfes nur an Notwendigkeiten und lässt sich nicht von der Angst vor möglichen Konsequenzen schwächen. So erst erlangt man die nötige Durchsetzungskraft, die es uns möglich macht, eine getroffene Entscheidung auch umzusetzen.

Gerade in einer Auseinandersetzung aber bedeutet Durchsetzungskraft, sich niemals durch Gewalt zu exponieren.

> *Gewalt bringt immer auch eine völlig unkontrollierbare emotionale Komponente mit sich.*

Ganz im Gegenteil sollte man seine Kraft beherrschen: »Von allen Elementen«, schrieb ein chinesischer Gelehrter im ausgehenden elften Jahrhundert, »sollte der Weise sich das Wasser zum Lehrer wählen. Wasser gibt nach, aber erobert alles. Wasser löscht Feuer aus oder, wenn es geschlagen zu werden droht, flieht es als Dampf und formt sich neu. Wasser spült weiche Erde fort oder, wenn es auf Felsen trifft, sucht es einen Weg, sie zu umgehen. Es befeuchtet die Atmosphäre, so dass der Wind zur Ruhe kommt. Wasser gibt Hindernissen nach, doch seine Demut täuscht, denn keine Macht kann verhindern, dass es seinem vorbestimmten Lauf zum Meere folgt. Wasser erobert durch Nachgeben; es greift nie an, aber gewinnt immer die letzte Schlacht.«

Wenn es aber nicht die Gewalt ist, die jemandem nachhaltige Durchsetzungskraft verleiht, was ist es dann? Es ist die Fähigkeit, als jemand zu gelten, der bereit und in der Lage ist, schnelle Entscheidungen zu treffen.

Durchsetzungsfähig ist jemand, der seinen Mitmenschen das Gefühl gibt, zu wissen, was er tut, und das gegebenenfalls auch umsetzt.

Willst du aber einen Kampf herausfordern, so lehrt man in Shaolin, gib deinem Gegenüber das Gefühl, du seist unentschlossen. Er wird umgehend deine Unsicherheit erkennen und sich unwillkürlich zum Kampf herausgefordert fühlen. Das gilt insbesondere auch für nicht abgeschlossene Entscheidungsprozesse.

Gleichgültig, wie sicher Sie vorgeben zu sein: Ein aufmerksamer Kämpfer wird erkennen, wenn Sie es nicht wirklich sind.

Besonders ausgeprägt zu beobachten ist dieses Talent bei Kindern, die auf Erwachsene großen Einfluss ausüben können, und bei Menschen, die professionelle Verkaufsberatungen durchführen. Sie haben die faszinierende Fähigkeit zu erkennen, wann ihr Gegenüber einen Entscheidungsprozess abgeschlossen hat und wann sich »noch etwas machen lässt«.

Für Entschlüsse einstehen

Stellen Sie sich vor, Sie haben sich entschieden, Ihr Geld in den Fonds F zu investieren. Sie haben sich das lange und in Ruhe überlegt und halten es für das Beste. Ihre Entscheidung steht also fest. Da Ihnen ein guter Bekannter geraten hat, mit der Abwicklung unbedingt eine Bank zu betrauen, suchen Sie diese mit dem Vorsatz auf, den entsprechenden Fonds zu zeichnen. Doch kaum sprechen Sie bei dem Institut vor, stellt Ihnen der Verkäufer, der sofort Ihre Unsicherheit erkennt, ein paar Fragen. Es entspinnt sich der folgende Dialog: »Gut. Sie möchten also in diesen Fonds investieren?« – »Ja. Wieso? Würden Sie es nicht tun?« – »Nun, ich bin nicht Sie! Außerdem haben Sie sich sicher ausführlich damit beschäftigt. Natürlich hat unsere Bank auch noch andere Spar-Produkte. Ich möchte Sie aber jetzt gar nicht beeinflussen, es ist schließlich Ihr Geld.«
Sehen Sie, was hier gerade passiert? Der Bankberater erkennt Ihre Entscheidungsschwäche und erobert Ihr Geld durch Nachgeben. Würde er auf Ihren Wunsch nach dem speziellen Fonds nämlich entgegnen, dieses Produkt sei mit Sicherheit nichts für Sie, so würden Sie ihm bestimmt nicht mehr geduldig zuhören. Genauso wenig übrigens wie für den Fall, dass Sie den Entscheidungsprozess tatsächlich abgeschlossen und sich vorgenommen hätten, für neue Empfehlungen erst wieder bei der nächsten Investition offen zu sein.

Ich möchte hier weder jemandem etwas unterstellen noch die Arbeit von Bankberatern schlechtmachen. Trotzdem denke ich, dass diese Situation mit sehr großer Wahrscheinlichkeit zugunsten des Verkäufers ausgehen wird.

Es liegt also alleine an Ihnen, Ihren Entschluss ganz bewusst so zu verinnerlichen, dass Sie selbst ihn als unveränderbar fühlen.

Wenn wir schon dabei sind, lassen Sie uns noch kurz beim Thema Geld bleiben. Gerade hier tritt nämlich einer der schlimmsten Entscheidungsfehler so offen zutage wie selten: Es ist die durchaus verständliche, weil bequeme Idee, andere Menschen in die eigenen Entscheidungen einzurechnen. Nicht einzubeziehen wohlgemerkt, sondern einzurechnen. Hierbei meine ich jene Entscheidungen, bei denen Sie das Verhalten anderer Menschen als vermeintlich berechenbare Einflussgröße in Ihre Rechnung einbeziehen. Denken Sie zum Beispiel an die Investition in Aktien. Üblicherweise erwirbt hier der Käufer Anteile an einem Unternehmen, von dem er in den meisten Fällen noch nicht einmal den Namen gehört hat. Daran wäre nichts auszusetzen, gingen nicht gleichzeitig die meisten davon aus, dass die dort arbeitenden Unbekannten für einen derart großen Unternehmensgewinn sorgen werden, dass auch für den Aktionär noch etwas übrig bleiben wird. Natürlich kann und sollte es so sein. Aber ist das für Sie eine Tatsache? Treffen Sie Ihre Entscheidungen so, als sei dieses Geld bereits auf Ihrem Konto eingegangen? Weil es im Normalfall doch immer gutgeht? Dann lesen Sie bitte noch einmal das zweite Kapitel über Beeinflussungen. Genau genommen ist es nämlich schon fahrlässig, verbindlich davon auszugehen, dass jeder Kunde für eine konsumierte Leistung auch bezahlt. Für diese Fehlannahme haben viele Jungunternehmer schon mit ihrer Existenz bezahlt. Damit wir uns richtig verstehen: Es ist nichts Falsches daran, andere Menschen in die eigenen Entscheidungen einzubeziehen. Ganz im Gegenteil, es ist unumgänglich. Ich halte es aber für keine gute Idee, mögliche Verhaltensweisen fremder Personen als Grundlage für eine eigene Entscheidung heranzuziehen. Schließlich haben Sie keinerlei Einfluss auf sie. Wer es dennoch tut, darf sich nicht wundern, wenn die Sache schiefgeht.

Entscheidungen umsetzen

Was das alles mit Durchsetzungskraft zu tun hat? Da Sie nicht alleine sind auf dieser Welt, kommt es häufig vor, dass auch andere Menschen von Ihren Entscheidungen betroffen sind. Besonders oft ist das naturgemäß dort der Fall, wo Sie als Eltern, als Anführer einer Gruppe oder als Chef eines Unternehmens für das Wohlbefinden anderer verantwortlich sind. Hier reicht es nicht mehr, alleine gute Entscheidungen zu treffen.

Vielmehr müssen Sie auch dafür sorgen, dass Ihre Beschlüsse von allen mitgetragen und entsprechend umgesetzt werden.

In Shaolin gibt es bis heute die Tradition des sogenannten »Waffenkampfes im Kollektiv«. Hierbei nehmen zehn, fünfzehn oder zwanzig Mönche auf engem Platz nebeneinander Aufstellung und kämpfen synchron gegen einen unsichtbaren Gegner, indem sie genau definierte Bewegungsabläufe ausführen. Das Besondere daran ist, dass bei diesen Übungen scharfe, im Ernstfall tödliche, Waffen zum Einsatz kommen und daher jedes Abweichen vom korrekten Ablauf die Mitbrüder in Gefahr bringt. Stellen Sie sich nun vor, der Meister hätte entschieden, dass ab sofort beim kollektiven Kampf mit dem Doppelschwert eine bestimmte Bewegung anders auszuführen sei. Fehlte es ihm an der Durchsetzungskraft, diese Veränderung auch in den Köpfen seiner Schüler zu verankern, wäre unweigerlich ein Massaker in den eigenen Reihen die Folge. Ich sehe, dass Sie zustimmend nicken. Schön. Aber handeln Sie auch danach?

Bevor Sie weiterlesen, nehmen Sie sich doch bitte kurz die Zeit und überlegen Sie, wann das letzte Mal eine von Ihnen verantwortete Entscheidung nicht zum gewünschten Ergebnis geführt hat, weil bei der Ausführung etwas schiefgegangen ist.

Was können Sie in Zukunft konkret tun,
um ein Scheitern zu verhindern?

Durchsetzungskiller eliminieren

Zuallererst eliminieren Sie alle Durchsetzungskiller. Den wichtigsten habe ich Ihnen bereits gezeigt: mangelnde Entschlossenheit des Entscheiders. Sobald es nämlich darum geht, eine getroffene Entscheidung umzusetzen, stehen Sie alleine da. Denn jetzt ist es zu spät, andere nach ihrer Meinung zu fragen. Man würde Ihnen das umgehend als Schwäche auslegen. Außerdem ist es ja mehr als verständlich, dass Menschen sich schwertun, eine Entscheidung mitzutragen, an die scheinbar nicht einmal derjenige wirklich glaubt, der sie getroffen hat.

So banal das erscheinen mag: Genau dies ist meiner Erfahrung nach der Grund, warum viele Entscheidungen von denen boykottiert werden, die sie eigentlich mit umsetzen sollten.

Wer möchte schon einen schwachen Anführer? Niemand. Wir Menschen wollen jemandem folgen, der stärker ist als wir selbst, jemandem, der entscheidungskräftiger ist – der also vermeintlich das kann, was wir bei uns selbst vermissen.

Daher muss, wer andere führen möchte,
und sei es im engsten Umfeld,
nicht nur über große innere Kraft verfügen.
Vielmehr muss er auch die Fähigkeit haben,
diese nach außen hin sichtbar und fühlbar zu machen.

Ich schreibe hier bewusst von Fähigkeit und nicht von Eigenschaft. Denn ich bin der Meinung, dass Ausstrahlung etwas ist, das man erlernen kann.

Bevor Sie sich also das nächste Mal daranmachen, anderen Menschen einen Entschluss mitzuteilen, nehmen Sie sich vorher unbedingt die Zeit, in sich hineinzuhorchen und der Kraft Ihrer Entscheidung nachzuspüren. Sie müssen sicher sein: Dies ist, was Sie wirklich wollen. Stellen Sie sich die wichtigen Fragen: Werden Sie in der Lage sein, diesen Entschluss gegen alle Anfeindungen aufrechtzuerhalten? Wer oder was könnte Sie jetzt noch davon abhalten, die Entscheidung auch umzusetzen? Wie gehen Sie damit um?

*Erst wenn Sie die Situation so oft in Ihrem Kopf
durchgespielt haben, dass sie Ihnen zur vertrauten
Selbstverständlichkeit geworden ist, ist es Zeit,
Ihren Entschluss auch nach außen zu kommunizieren.*

Treten Sie bewusst vor Ihre Gruppe und teilen Sie allen mit, die es betrifft: »Ich habe mich unumkehrbar dazu entschieden, dass ...« So übertrieben das jetzt auch klingen mag, so wichtig ist es für den späteren Erfolg Ihrer Entscheidung.

*Machen Sie sich klar, dass Menschen, die sich einer fremden
Entscheidung unterwerfen sollen, eine eigene Wirklichkeit haben,
nach der sie die Entscheidung bewerten.*

Wir messen nämlich unserer Vorstellung von einer Sache mehr Gewicht bei als der Frage, wie sie tatsächlich ist. »Nicht die Realitäten, sondern die Gefühle bestimmen über den Fortgang der Dinge«, sagt man in China.

Konkret bedeutet das: Sie können die stärkste Führungskraft der Welt sein. Aber wenn Ihre Mitarbeiter Sie für schwach halten, werden sie Ihnen auch genau auf dieser Basis begegnen. »Alle sehen«, so schreibt der Staatsmann Niccolò Machiavelli, »was du scheinst, aber nur wenige erfassen, was du bist.« Nur so lässt sich erklären, dass auch jemand überzeugen kann, der eigentlich gar nicht weiß, was zu tun ist. Wirkt er aber extrem zuversichtlich, werden ihm die anderen mit Freude folgen. Ein Phänomen, das man täglich und nicht nur in der Politik beobachten kann. Aber auch, wenn es vielleicht so klingt, ist das keine Aufforderung, anderen etwas vorzuspielen. Als Herdentiere suchen Menschen nun einmal nach Sicherheit und Führung. Und Ihre Aufgabe als Führungskraft, sei es im privaten oder beruflichen Umfeld, ist es, ihnen genau dies zu vermitteln.

Bedenken Sie auch, dass selbst ein kurzes Zögern
die größte Autorität untergraben kann.

Menschen sind zwar grundsätzlich bereit, sich unterzuordnen. Das gilt besonders, wenn sie sich als Teil einer Gruppe fühlen. Vermeinen die »Rudelmitglieder« aber, beim »Leittier« eine Schwäche zu erkennen, macht sich sofort Unsicherheit breit. Umgehend verspüren die stärkeren Mitglieder das Bedürfnis, die Leitung des Rudels selbst zu übernehmen. Auslöser hierfür ist übrigens weniger der Wunsch, sich vor den anderen hervorzutun, als vielmehr die instinktiv gefühlte Notwendigkeit, die Gruppe zu schützen.

Umgang mit Unzufriedenen

Wo immer ich mit Gruppen arbeite, habe ich es mir daher zur Gewohnheit gemacht, die bestmögliche Entscheidung für meine »Schützlinge« zu treffen und diese prinzipiell nicht zur Diskussion zu stellen. Das hat nicht nur damit zu tun, dass fünf Personen nun einmal zehn verschiedene Meinungen vertreten. Nein, alleine der Gedanke, die Gruppe müsste mir eine Entscheidung abnehmen, führte zu Zweifeln an meiner Autorität. Und ich würde den Mitgliedern der Gruppe einen großen Teil des guten Gefühls nehmen, in mir einen kompetenten Begleiter an der Seite zu haben. Das hat nichts mit Bevormunden zu tun: Aber wollten Sie tatsächlich, dass ich Sie vor jedem neuen Buch kontaktiere, um Sie zu fragen, was genau ich zu welchem Thema schreiben soll?

Machen Sie sich bitte bewusst, dass Menschen zunächst immer annehmen, dass eine fremdbestimmte Entscheidung zu ihrem Besten ist – solange der Entscheider sie nur sicher und ohne Zögern verkündet.

Und sind einmal viele Menschen von einem Entschluss betroffen, sollten Sie nicht vergessen, dass keine Entscheidung nur Freunde hat. »Die Veränderung«, hat der Manager Jack Welch einmal gesagt, »hat keine Anhänger. Die Menschen hängen am Status quo. Man muss auf massiven Widerstand vorbereitet sein.« Interessanterweise hat dies noch nicht einmal etwas damit zu tun, ob die Betroffenen am Ende Vor- oder Nachteile haben werden.

Selbst wenn es nachher allen besserginge, wird es immer jemanden geben, der mit Ihrer Entscheidung nicht zufrieden ist.

Natürlich können Sie jetzt einwenden, dass Sie sich bei Entscheidungen nicht um jeden kümmern können. Das stimmt schon. Trotzdem möchte ich an dieser Stelle eines zu bedenken geben: Solange Menschen offen zugeben können, dass sie eine Entscheidung nicht unterstützen, kann man sich als Führungskraft darauf einstellen und gegebenenfalls nötige Maßnahmen treffen. Gefährlich wird es dann, wenn sich jemand gezwungen sieht, Zustimmung zu heucheln, weil das von ihm erwartet wird.

*Nur weil jemand zusagt, etwas zu tun, bedeutet
das noch lange nicht, dass er es am Ende auch macht.*

Stiller Widerspruch ist jedoch meist vermeidbar. Aber bedenken Sie, dass Menschen einen Beschluss nicht immer nur deshalb boykottieren, weil sie mit ihm nicht zufrieden sind. Klar, die Veränderung hat wenige Freunde. Denken Sie daran: Viele wünschen sich einfach nur, dass alles beim Alten bleibt.

Aber warum ist das so? Eine Ursache ist Ihnen bereits bekannt: Entscheidungsmuster, die als Autobahnen in den Gehirnen ein schnelles, sicheres und bequemes Vorwärtskommen ermöglichen. Wir Menschen sind Gewohnheitstiere. Oder fällt es Ihnen nicht schwer, sich von alten Gewohnheiten zu lösen? Das ist aber noch nicht alles. Viele Menschen sind aus einem Sicherheitsbedürfnis heraus gegen jede Veränderung. Etwas, das sich bewährt hat, so die landläufige Annahme, wird sich auch in der Zukunft bewähren. Zumindest, und das ist der eigentliche Veränderungshemmschuh, kann man vermeintlich nichts falsch machen, wenn man alles so weitermacht wie bisher.

Entscheidungen durchsetzen

Auch deshalb also sollten Sie Ihre Entscheidungen mit Durchsetzungskraft vertreten:

*Es ist eine Ihrer wichtigsten Aufgaben, Ihren Mitstreitern das
Gefühl zu geben, dass es sicher ist, Ihnen zu folgen.*

179

Wie das geht? Kommunizieren Sie Ihre Entscheidungen und Anweisungen klar und deutlich. Meiner Meinung nach haben Menschen nämlich gar nicht so sehr Angst vor dem veränderten Zustand als davor, auf dem Weg dorthin etwas falsch zu machen. Lassen Sie mich an einem Beispiel zeigen, wie sehr auch Sie diese Problematik betrifft. Stellen Sie sich vor, Sie stehen mit dem Auto auf einer Anhöhe vor einer sehr steilen Bergstraße, die Sie hinunterfahren müssen, um nach Hause zu kommen. Plötzlich leuchtet auf dem Armaturenbrett eine Ihnen bis dato unbekannte Warnleuchte auf, sie zeigt so etwas wie ein Symbol für die Bremse, und der Motor verweigert das Starten. Da Ihnen der Pannendienst eine mehrstündige Wartezeit in Aussicht stellt, rufen Sie einen befreundeten Mechaniker an, der Ihnen erklärt, es handle sich um ein bei diesem Modell bekanntes Problem. Es sei allerdings kein Bremsdefekt, sondern lediglich ein kaputter Sensor, der ständig eine Überhitzung der Bremsen melde. Die Sache sei leicht zu beheben, Sie müssten nur im Motorraum ein Kabel suchen und es am besten mit einem Messer durchtrennen. Gleichzeitig mahnt der Mechaniker Sie zur Vorsicht, unbedingt das richtige Kabel zu zerschneiden. Schließlich gäbe es zwei, die sich leider recht ähnlich sähen, aber an ihrem Verlauf zu erkennen wären. Sollten Sie das falsche durchtrennen, sei eine aufwendige und teure Reparatur die Folge.

Was müsste Ihr Bekannter zu Ihnen sagen, damit Sie das Kabel auch tatsächlich durchschneiden? Was erwarten Sie von ihm? Was könnte er falsch machen? Erkennen Sie, wie sehr sich seine Unsicherheit sofort auf Sie übertragen würde? Stellen Sie sich nun vor, Sie möchten wissen, ob er das

Kabel meint, das da ganz rechts ist, und Ihr Bekannter antwortet nur: »Also normalerweise ist es das.«

In genau dieser Lage befinden sich Menschen, die vor der Entscheidung zu einer Veränderung stehen. Bevor Sie also das nächste Mal mit Ungeduld auf deren Unsicherheit reagieren, rufen Sie sich diese Situation ins Gedächtnis, und Sie werden wissen, was zu tun ist. Denken Sie daran, dass sie Ihnen volles Vertrauen entgegenbringen müssen. Schließlich ist es ihnen in den meisten Fällen kaum möglich, die möglichen Konsequenzen Ihrer Entscheidung abzuschätzen. Doch so Sie nicht zufällig Mechaniker sind: Bei der Sache mit dem Auto ist es das für Sie auch nicht.

> *Nicht die Frage zählt, was zu tun ist,*
> *sondern ob Sie auch bereit sind, es zu tun.*

Sie wollen Ihren Mitstreitern auf Augenhöhe begegnen? Ihnen erklären, wie der Entschluss zustande gekommen ist?

Besonders problematisch ist in diesem Zusammenhang die Idee des »Führens auf Augenhöhe«. Ich bin zwar ein großer Befürworter von Respekt, aber das hat nichts damit zu tun. Menschen, die sich jemandem unterordnen, tun das, weil sie sich dadurch sicherer fühlen. Daher interessiert es sie meist gar nicht, wie eine Entscheidung zustande gekommen ist. Viele Führungskräfte machen hier den großen Fehler, ihre Mitstreiter mit für sie irrelevanten Informationen zu überfrachten. Das mag nett gemeint sein, bewirkt aber das genaue Gegenteil. Schließlich wollen Sie bei einer Notlandung ja auch nicht die genaue Kommunikation zwischen Pilot und Kopilot hören, oder?

Dann begehen Sie möglichst nicht den Fehler,
Ihre Mitmenschen mit Informationen zu überfrachten.

Als Entscheider ist es Ihre Aufgabe, Entscheidungen so zu kommunizieren, dass sie von den Betreffenden in Ihrem Sinn umgesetzt werden können.

Alle müssen verstehen, wo es langgeht und was genau
sie zu tun haben. Alles Weitere, so gut es auch gemeint sein mag,
hat an dieser Stelle nichts verloren.

Was erwarten Sie etwa von einem Buchhändler, den Sie fragen, wo meine Bücher zu finden sind, da sie nicht am üblichen Platz stehen? Die gewünschte Antwort lautet doch:»Das Buch steht jetzt dort und dort.« Es ist gleichsam die Anweisung, zu diesem oder jenem Regal zu gehen und es dort zu suchen. Weniger interessieren dürfte Sie in dieser Situation, welche internen Überlegungen dazu geführt haben, das Buch umzuräumen.

Entschlüsse richtig kommunizieren

Was kommuniziert werden muss, muss auch richtig kommuniziert werden. Überall dort, wo von der Fähigkeit zur Kommunikation das Leben von Menschen abhängt, hat man sich daher entschlossen, Anweisungen auf das Wesentliche zu reduzieren. Denken Sie nur an ein Gespräch zwischen dem Piloten und der Bodenkontrolle. »Flugzeug so und so, steigen Sie auf 38 000 Fuß.« »Flugzeug so und so, habe verstanden. Steige auf 38 000 Fuß.« Das war es. Kein: »Wenn es Ihnen bei Gelegenheit möglich wäre, möchte ich Sie ersuchen, ob Sie denn nicht so nett sein könnten, Ihre Flughöhe wegen eines entgegenkommenden Flugzeuges …« Das hat nichts mit mangelnder Höflichkeit zu tun und ist auch keine Aufforderung, mit Mitarbeitern herablassend umzugehen. Aber in Fällen, in denen der einzige Zweck der Kommunikation die sichere Übertragung von Informationen ist, darf und muss man ihre Form daran anpassen.

Geht es darum, anderen Menschen mitzuteilen, was sie tun sollen, bedenken Sie bitte auch Folgendes: Auch die Empfänger denken mit. Das mag jetzt mehr nach einem Vorteil denn nach einem Problem klingen, ist aber tatsächlich meist das Gegenteil.

Unangenehm wird es dort, wo dieses Mitdenken darin besteht, nicht vollständig verstandene oder unwahrscheinlich anmutende Anweisungen nach eigenen Vorstellungen umzuformen.

*Überall dort, wo Menschen
sich nicht sicher sind,
entscheiden sie sich gerne für jene Variante,
die sie für die wahrscheinlichste halten.*

Ein Beispiel? Stellen Sie sich eine Sekretärin vor. Ihr Chef diktiert: »Herzlichen Dank für die prompte Lieferung und die ausgezeichnete Ware. Selbstverständlich werden wir die Rechnung nicht sofort begleichen.« Bestimmt wird sie das Wort »nicht« in diesem Zusammenhang für einen Versprecher halten und ohne Rückfrage weglassen. Was aber, wenn es der Vorgesetzte genau so gemeint hat?

In vielen Fällen ist es daher zwingend notwendig,
sich eine Anweisung rückbestätigen zu lassen,
um sich zu vergewissern, dass sie auch verstanden wurde.

Den Dingen Richtung geben

Am Ende ist Durchsetzungskraft die Fähigkeit, Dingen genau die Richtung zu geben, die man selbst entschieden hat. Ob Sie aber alleine etwas durchsetzen möchten oder eine Entscheidung gemeinsam mit einer Gruppe umsetzen sollen: Rufen Sie sich Ihren Entschluss in Ihr Bewusstsein, gewöhnen Sie sich an ihn, durchdenken Sie ihn, formulieren Sie bereits in Gedanken so konkret wie möglich die nächsten Schritte, und sorgen Sie durch deutliche Kommunikation, dass der Entschluss auch wirklich in Ihrem Sinne ausgeführt wird. Denn auch bei der Umsetzung von Entscheidungen liegt zwischen Wissen und Handeln das Meer.

ÜBUNGEN

Was gibt Ihnen bei einer Entscheidung die größte Sicherheit?

....

Was macht Ihnen die größte Angst?

....

Gelten Sie als durchsetzungsstark? Warum?

....

Warum haben Sie das letzte Mal eine Entscheidung am Ende doch nicht umgesetzt?

....

Wer kann für Ihre Entschlüsse die Verantwortung übernehmen?

....

Was sollten Sie an Ihrer Kommunikation noch verbessern?

....

Wann ist deutliche Kommunikation wichtiger als höfliche? Handeln Sie auch danach?

....

Ihr selbst müsst euch
Mühe geben.
Die Erwachten weisen
nur den Weg.

(Buddha)

7. Lebe Veränderung

Lege das Ruder erst nieder, wenn das Boot an Land ist.

(aus Gabun)

Lerne, dass eine Entscheidung alleine noch keine Veränderung bewirkt

In China erzählt man sich die Geschichte von einem König, der berühmt war für seine besondere Grausamkeit. Erachtete er jemanden als Gegner, was dem Vernehmen nach sehr schnell passieren konnte, ließ er ihn gnadenlos exekutieren. Da sich der König aber einen Anschein von Güte bewahren wollte, erhielt jeder Todeskandidat vor seiner Hinrichtung noch eine letzte Möglichkeit, sein Leben zu retten. Aus einem kleinen Sack, in dem sich angeblich eine weiße und eine schwarze Bohne befanden, durfte der Verurteilte mit verbundenen Augen eine Bohne herausgreifen. War sie schwarz, wurde er hingerichtet. Gelang es ihm aber, die weiße Bohne zu ziehen, wurde er begnadigt und kam frei. Da das aber in all den Jahren der Herrschaft des Königs kein einziges Mal vorgekommen war, hielt sich hartnäckig das Gerücht, der Sack enthalte nur zwei schwarze Bohnen. Eines Tages stand ein alter Meister vor der Wahl, die über sein Schicksal entscheiden sollte. Die Situation schien aussichtslos. Zwar gab es das öffentliche Versprechen des Königs, jeden freizulassen, der die weiße Bohne zog. Gleichzeitig aber, so war sich der Meister sicher, war gar keine in dem Sack.

189

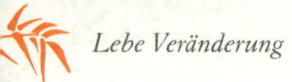

Was hätten Sie nun in seiner Situation getan? Bestimmt hätten Sie eine Bohne gezogen und gehofft, dass die Gerüchte falsch seien. Der Meister aber beschloss, sein Schicksal selbst in die Hand zu nehmen. Er griff in den Sack, nahm eine Bohne heraus, steckte sie blitzschnell in den Mund und verschluckte sie. Den Wächtern blieb nichts anderes übrig, als festzustellen, dass nur noch eine schwarze Bohne im Sack war. Da der Meister folglich die weiße gezogen haben musste, ließ der König ihn zähneknirschend frei. Diese Geschichte zeigt:

Auch aus der verfahrensten Situation gibt es einen Ausweg,
solange man nur die richtigen Entscheidungen trifft.

Sie möchte uns aber auch darauf aufmerksam machen, dass eine gute Idee alleine nicht ausreicht: Man muss sie auch umsetzen. Genau an diesem Punkt aber scheitern oft selbst die besten Entscheidungen. Warum das so ist? Ich denke, es liegt daran, dass unser Gehirn gerade dann überfordert ist, wenn wir es am dringendsten bräuchten, und in der Folge gleichsam abschaltet. Statt eine unbedingt nötige Handlung zu beginnen, lassen wir wie gelähmt die Katastrophe auf uns zukommen. Daher endet der Versuch, in einer ohnehin schon prekären Lage die richtige Entscheidung zu treffen, in den meisten Fällen im kompletten Chaos.

Für die wichtigsten Gefahrensituationen empfiehlt es sich daher, sich selbst konkrete Handlungsanweisungen zu überlegen. Wie das geht, haben Sie im dritten Kapitel gesehen. Auch Shaolin-Mönche trainieren diverse Angriffs- und Abwehrsituationen so lange, bis sie ihnen so selbstverständlich werden wie die Bewegungen beim Gehen. Tritt dann der Notfall ein, gibt es nichts mehr zu entscheiden, sondern nur noch zu handeln.

Natürlich kann man nicht für alles Vorsorge treffen, was einem im Leben passieren könnte, aber für die wichtigsten Situationen macht es Sinn. Denn dadurch vermeiden Sie, im Fall der Fälle quasi gelähmt zu sein.

> *Doch eine Entscheidung alleine ist noch keine Lösung:*
> *Diese entsteht nämlich erst dadurch, dass wir*
> *den getroffenen Entschluss auch umsetzen.*

»Fang an!«, hat der schottische Schriftsteller Thomas Carlyle einmal gesagt. »Dadurch allein kann das Unmögliche möglich werden.«

Was aber passiert, wenn eine Entscheidung zwar getroffen, aber nicht umgesetzt wird? So etwas kann schon in alltäglichen Situationen große Nachteile mit sich bringen. Stellen Sie sich nur einmal vor, Sie hätten fix vereinbart, im kommenden Sommer einen alten Schulfreund zu besuchen, der seit vielen Jahren im Ausland lebt. Da auch das Datum des Treffens bereits feststeht, beginnen Sie, im Internet nach günstigen Flügen zu suchen. Obwohl Sie zu Ihrer großen Freude feststellen, dass es da einige echte Schnäppchen gäbe und kein objektiver Grund Sie daran hindert, den Flug sofort zu buchen, beschließen Sie dennoch zu warten. Vielleicht wird es ja noch billiger. So vergehen Tage und Wochen. Zwar prüfen Sie immer wieder, ob die billigen Angebote noch verfügbar sind und stellen auch fest, dass die Preise zu steigen beginnen, können sich aber nie dazu durchringen, auch tatsächlich zu buchen. Als schließlich

die Zeit drängt und eine Buchung unausweichlich ist, sehen Sie mit Entsetzen, dass selbst das billigste Ticket mittlerweile das Dreifache von dem kostet, was Sie am Anfang bezahlt hätten.

Setze Entscheidungen in die Tat um

Wie man an diesem Beispiel sieht, ist es keineswegs immer die Angst vor irgendwelchen Risiken, die uns vom Handeln abhält. Bei dem Ticket hätten Sie schließlich nur gewinnen können. Die eigentliche Ursache:

Die Erkenntnis, dass etwas zu tun ist,
bewirkt noch lange keine Handlung.

Sobald wir bemerken, dass eine Veränderung notwendig ist, müssen wir natürlich zuerst eine Entscheidung treffen. Dem aber folgt die viel schwierigere Arbeit, diese auch in unserem Bewusstsein so deutlich als Handlungsanweisung zu verankern, dass es auch zu einer Umsetzung kommt. Soll die Sache Erfolg haben, so ist es zusätzlich unumgänglich, einen ganz konkreten Zeitpunkt festzulegen, an dem die Entscheidung dann umgesetzt wird. Wenn Sie nämlich etwas »bald« machen werden, wann genau ist das? Sofern Sie feststellen, dass Sie insgeheim bereits in dieser Phase nach Ausreden suchen, um die Umsetzung hinauszuzögern, sollten Sie Ihre Entscheidung unbedingt noch einmal überdenken.

Jenes weite Meer, welches das Wissen vom Handeln trennt, liegt schließlich auch zwischen einem Vorsatz und der tatsächlichen Veränderung eines Verhaltens. Mit Sicherheit ist

Ihnen zur Genüge bekannt, dass gute Vorsätze, die zum Jahreswechsel gehören wie der Sekt, auch genau solche bleiben. Zwar werden manche tatsächlich für einige Tage in die Tat umgesetzt, aber nur ganz wenigen gelingt es, über dieses Versuchsstadium hinauszukommen. Genau genommen ist das schade, da diese Vorsätze ja durchaus ihren Ursprung in einem Wunsch nach Veränderung hatten. Warum aber werden die darin verborgenen Entschlüsse dann nicht umgesetzt?

Den meisten Menschen ist nicht bewusst,
dass nicht einmal der festeste Entschluss
ohne weiteres Zutun in eine Handlung mündet.

Alleine die Erkenntnis, dringend etwas essen zu müssen, macht noch nicht satt. Ganz im Gegenteil.

Hat man sich mühsam zu etwas entschieden,
ist meist noch einmal die doppelte Energie erforderlich,
um den Entschluss auch in die Tat umzusetzen.

Und selbst dann hat man erst den Anfang gemacht. Denn unser Gehirn mag nun einmal bereits geebnete Wege. Denken Sie nur an die Autobahnen. Überlegen Sie einfach mal, wie oft Sie tatsächlich bereit wären, morgens den dreimal so langen Weg über die Bundesstraße zur Arbeit zu nehmen, wenn nebenan die zwar gebührenpflichtige, aber gleichzeitig viel bequemere Autobahn verläuft? Natürlich, es gibt das Versprechen, dass auch Ihre neue Strecke ausgebaut wird, wenn Sie sie nur oft genug befahren. Aber in den ersten Tagen und Wochen deutet leider gar nichts darauf hin.

Keine Planer, keine Bagger, einfach nichts. Nachdem Sie sich also ein paarmal gemäß Vorsatz auf der alternativen Strecke abgequält haben, ertappen Sie sich eines Tages ganz plötzlich auf der Auffahrt zur Autobahn. Da es leider schon zu spät ist, um noch umzukehren, fahren Sie dieses eine Mal ausnahmsweise weiter, immer mit dem eisernen Vorsatz, in den nächsten Tagen bestimmt wieder die Bundesstraße zu nehmen. Auch wenn Sie eigentlich ganz genau wissen, dass es dazu nie wieder kommen wird.

Handle mit Selbstvertrauen

»Die größte Schwierigkeit der Welt«, hat der Ökonom John Maynard Keynes einmal gesagt, »besteht nicht darin, Leute dazu zu bewegen, neue Ideen anzunehmen, sondern alte zu vergessen.«
Oft scheitern wir bei der Realisierung guter Vorsätze auch am mangelnden Vertrauen in uns selbst.
Viele Menschen können sich nicht vorstellen, dass ihnen das geänderte Verhalten einmal genauso selbstverständlich werden wird wie das aktuelle. Dabei muss es ihnen nur erst »in Fleisch und Blut übergehen«. Denn genau das ist die Voraussetzung für jede erfolgreiche Veränderung.

Ihr neues Verhalten muss ein Teil von Ihnen werden.

Behalten Sie immer das Bild von der Autobahn im Hinterkopf. Auch wenn es am Anfang oft nicht danach aussieht: Sie dürfen darauf vertrauen, dass der Ausbau erfolgen wird. Erinnern Sie sich an Situationen, in denen Sie, verzweifelt über Ihr ständiges Scheitern gedacht haben, Sie wären unfähig, eine bestimmte Sache zu erlernen? Heute erledigen Sie das damals so Schwierige mit links. Denken Sie nur an das Lesen lernen. Erinnern Sie sich noch an Ihre Schulzeit? Ans Buchstabieren? Selbst die Mönche von Shaolin sind nicht als Wunderkämpfer auf die Welt gekommen. Auch sie haben ihre Fähigkeiten im Laufe vieler Jahre mit hartem Training und dem festen Glauben an sich erworben. Ich denke in diesem Zusammenhang manchmal an eine meiner ersten Fahrstunden. Anfahren, ohne dass dabei der Motor abstirbt, das lerne ich nie – davon war ich damals zu hundert Prozent überzeugt. Ich war kurz davor aufzugeben, als mir einfiel, dass ich ein sehr ähnliches Gefühl schon einmal gehabt hatte: als ich mit vermeintlich zwei linken Füßen begonnen hatte zu tanzen. Dort hatte ich es aber nach einiger Zeit zu einer gewissen Perfektion gebracht. Warum also sollte das beim Autofahren anders sein? Heute, viele Kilometer später, weiß ich, dass meine Beharrlichkeit sich ausgezahlt hat. »Was man nicht weiß, das kann man fragen, und was man nicht kann, das kann man lernen«, hat der Philosoph Lü Buwei einmal gesagt. Dieser Gedanke ist mir zum persönlichen Lebensmotto geworden.

Viele Entscheidungen sind aber aus einem anderen Grund zum Scheitern verurteilt. Auch der Wunsch, zu vieles gleichzeitig zu verändern, widerspricht der Arbeitsweise unseres Gehirns in solchem Maße, dass es im schlimmsten Falle überfordert gleichsam zum Stillstand kommt.

Wollen wir beispielsweise etwas Neues lernen, und dazu gehört durchaus auch ein geändertes Verhalten, dann ist es immer am einfachsten, wenn wir an bereits Bekanntes anknüpfen und vorhandenes Wissen erweitern. Sie können

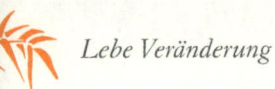

sich das vorstellen, als wären Sie mit einer Gruppe durch eine Ihnen unbekannte Stadt unterwegs. Einmal bleiben Sie ein bisschen zu lange vor einem Schaufenster stehen und stellen mit Schrecken fest, dass die anderen bereits weitergegangen sind. Wenn Sie sich nun auf die Suche nach Ihrer Gruppe begeben, werden Sie das mit Sicherheit nicht so lange tun, bis Sie alle hundert Mitglieder gefunden haben. Es wird Ihnen sehr wahrscheinlich reichen, die letzten beiden Gruppenmitglieder zu sehen.

Mache kleine Schritte

So ist das mit allem. Es gibt in unserem Kopf viele Dinge, die uns ganz selbstverständlich sind. In unserem Beispiel ist das die Gruppe. Dann entfernen wir uns gleichsam von ihr, versuchen aber, wieder eine Verknüpfung zu etwas Bekanntem herzustellen. Dadurch erweitern wir unseren Horizont. Versuchen wir jedoch, etwas komplett Neues zu tun, so wird uns ein Gefühl der Panik überwältigen, und der Eindruck, uns verirrt zu haben, absorbiert unsere ganze Energie und Aufmerksamkeit. Das ist ganz nebenbei auch der Grund, warum es uns leichter fällt, eine Sprache zu lernen, die einer uns vertrauten zumindest ähnlich ist.

Daher bedeutet Lernen, immer kleine Schritte machen.

Das funktioniert gut, wenn wir uns immer wieder neue vertraute Ankerpunkte schaffen, mit denen wir uns so lange beschäftigen, bis sie zur Selbstverständlichkeit geworden sind und wiederum selbst als Ankerpunkte dienen können.

Viele prinzipiell gute Entscheidungen scheitern aber auch daran, dass wir Menschen unfähig sind, eine Sache durchzuhalten, deren Ende nicht absehbar ist. Selbst wenn wir wissen, dass sie einmal ein Ende haben muss, geben wir oft auf. Manchmal sogar kurz vor Erreichen des Ziels. Zwei Gefangene, so heißt es in einem Witz, beschließen aus einem Gefängnis auszubrechen, das von hundert Mauern umgeben ist. Um in die Freiheit zu gelangen, müssten sie diese überwinden. Die beiden beginnen also mit der ersten Mauer, klettern über die zweite, die dritte, die vierte, und so weiter. Als sie schließlich bei der neunundneunzigsten angekommen sind und sich dahinter noch immer keine Freiheit auftut, meint der eine Ausbrecher erschöpft zum anderen: »Du, ich glaub das schaffen wir nicht. Kehren wir lieber um …«

Lasse den Dingen ihren Lauf

Doch nicht jeder Entschluss verpflichtet zum Handeln. Schließlich ist Handeln gar nicht immer der richtige Weg. Manchmal ist das genaue Gegenteil der Fall. Eine Idee, die man nicht nur in Shaolin unter dem Begriff »Wu wei« kennt, auf Deutsch so viel wie »Nicht-Tun«. Wenn es auch so klingen mag, hat das weder mit Faulheit noch mit Verboten zu tun. Wu wei bezeichnet im Daoismus die Fähigkeit zu erkennen, wann man eingreifen soll und wann es besser ist, den Dingen ganz bewusst ihren naturgemäßen Lauf zu lassen.

Es ist aber unumgänglich zu verstehen, dass auch diesem Nicht-Tun immer eine bewusste Entscheidung vorausgehen muss.

197

Niemals darf man diesem Prinzip folgen, weil man keine Alternativen hat!
Kommt man aber beispielsweise mit dem Auto auf einer glatten Fahrbahn ins Schleudern, dann ist die naheliegendste Reaktion, sofort auf die Bremse zu treten, um den Wagen zum Stillstand zu bringen. Ist sie aber auch die beste? Auf einem extrem rutschigen Untergrund wohl kaum. Hier wird die Sache im schlimmsten Fall sogar eskalieren. Ist die Fahrbahn aber breit genug und stehen auch sonst keine Hindernisse im Weg, ist das ein Fall für das Wu wei: Lassen Sie einfach den Dingen ihren Lauf, in der festen Gewissheit, dass sie sich von selbst einpendeln werden.

Denn es kann auch schädlich sein, in eine Situation einzugreifen, nur weil der Mut fehlt abzuwarten, wie sie sich entwickelt.

Denke und glaube an dich selbst

Vielen Menschen wurde beigebracht, stets höflich zu sein und immer erst an die anderen zu denken. Das ist für sich genommen ja kein schlechter Gedanke, würden diese Menschen sich dabei nicht so oft selbst vergessen.

So aber treffen viele ihre Entscheidungen zuerst einmal für ihr Umfeld und wundern sich dann, dass diese Entschlüsse für sie selbst nur mit größter Mühe umsetzbar sind und sie auch nicht glücklich machen.

Lassen Sie mich das an einem Beispiel illustrieren. Nehmen wir einmal an, Sie müssten zu Ihrer Geschäftskleidung passende Schuhe kaufen. Zur Auswahl stehen zwei Paar, die beide ziemlich teuer sind. Der Unterschied ist, dass man einem Paar den exorbitant hohen Preis zwar nicht ansieht, die Schuhe dafür aber ausnehmend bequem sind. Ganz im Gegensatz dazu ist das zweite Paar sofort als teuer zu erkennen, gleichzeitig aber schrecklich unbequem. Hand aufs Herz: Entscheiden Sie sich wirklich für die bequemen Schuhe?

Es gibt unzählige Beispiele dafür, wie sehr wir unsere Entscheidungen von der Meinung anderer Menschen abhängig machen. Warum sonst sucht jemand, der mit seiner Kamera sehr zufrieden ist, die Bestätigung im Internet, dass auch andere sich für dieses Modell entschieden haben? Sie sollten in der Lage sein, Entscheidungen für sich zu treffen, und Sie sollten lernen, etwas für sich zu tun. Das ganze Spiel funktioniert nämlich auch in der anderen Richtung.

Niemand außer Ihnen muss am Ende mit Ihren Entscheidungen einverstanden sein oder sie gut finden.

Wenn ein anderer nicht versteht, warum Sie ein Jahr Auszeit nehmen wollen, Ihren doch ach so wunderbaren, sicheren Job aufgeben oder Ihre Religionszugehörigkeit wechseln möchten, dann versteht er es eben ist. Muss er auch nicht.

Seien Sie dann aber nicht enttäuscht, und verwenden Sie keinerlei Zeit und Energie darauf, sich zu erklären.

Und ziehen Sie unter keinen Umständen deshalb Ihre getroffene Entscheidung in Zweifel. Ein Kannibale hätte wohl auch wenig Aussicht darauf, Ihnen verständlich zu machen, was das Schmackhafte an Menschenfleisch ist.

199

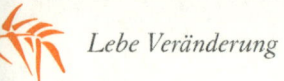

Und ebenso wenig, wie andere Menschen auf Ihre Entscheidungen Einfluss nehmen sollten, so wenig sollten Sie in ihnen den Grund dafür suchen, wenn Sie damit scheitern. Der wahre Verhinderer Ihrer Entscheidungen sind nämlich meistens Sie selbst. Wie gerade gezeigt, beginnt das damit, dass Ihr eigenes Denken gegen Sie arbeitet.

Auch der Wunsch, zu vieles gleichzeitig neu zu gestalten oder anders machen zu wollen, blockiert am Schluss.

»Wunschdenken« hat Steve Adubato gesagt, »ist kein Ersatz für einen strategischen Plan.« Alles gleichzeitig erneuern zu wollen ist, als wollten Sie Ihre Wohnung umgestalten und machten sich daher an die Arbeit: Zimmer für Zimmer entfernen Sie die Möbel, reißen die Tapeten von den Wänden, bringen die Teppiche auf den Müll und erzwingen auf diese Weise förmlich die Veränderung. Irgendwann ist es so weit, dass alle Zimmer bis auf das kleine Kabinett, in dem Sie noch wohnen, leer sind. Nun geht es darum, die Wohnung wieder einzurichten. Irgendwie können Sie sich nicht entscheiden, mit welchem Zimmer Sie beginnen sollen, Sie hätten sie gerne alle so schnell wie möglich wieder bewohnbar! Also kaufen Sie eine Couch fürs Wohnzimmer, ein Regal für das Vorzimmer, Farbe, um die Küche zu streichen. Aber halt! Passt die Farbe überhaupt zu den noch fehlenden Möbeln? Wäre es nicht besser, die Küche einfach neutral weiß zu streichen? Andererseits, für Ihr Arbeitszimmer möchten Sie das nicht. Und irgenwie soll das alles ja auch zusammenpassen. Merken Sie, worauf das Ganze hinausläuft? Denn überlegen Sie einmal ehrlich, wie lange diese Entscheidungshemmung den Wohnungsumbau blockieren und Ihre Lebensqualität mindern wird.

Zerlege große Probleme

Wollen Sie zu viel auf einmal entscheiden, kann es durchaus sein, dass Ihnen jede einzelne Entscheidung für sich genommen zu groß und zu schwierig erscheint. Daher unterteilen Sie große Vorhaben in kleine Zwischenschritte.

Jede Entscheidung sollte abgeschlossen sein,
bevor Sie die nächste treffen.

Und Sie werden sehen, wie schnell auch ein großes Problem – auf diese Weise zerlegt – verschwindet. Hätten Sie vor, den Mount Everest zu besteigen, würden Sie wohl auch nicht einen großen unverrückbaren Plan machen, der sich von der Abfahrt zu Hause bis zum Gipfelsturm erstreckt, oder? Denn sonst kämen Sie mit sehr großer Wahrscheinlichkeit nicht über die Planungsphase hinaus. Tatsächlich würden Sie Ihre Expedition in einzelne, leicht überschaubare Phasen einteilen, für die Sie jeweils Entscheidungen treffen und umsetzen, bevor Sie den nächsten Schritt angehen. Bevor Sie also einen großen Entschluss wochen- oder gar monatelang vor sich herschieben:

Überlegen Sie, wie Sie die Entscheidung
in kleine Einheiten aufteilen können.

Das verschafft Ihnen zusätzlich noch den Vorteil einer gewissen Flexibilität. Treffen Sie mit Blick für das große

Ganze einfache Zwischenentscheidungen, und schließen Sie jeden einzelnen Entscheidungsprozess schnellstmöglich und bewusst ab.

Bewahre die Ruhe

In der Praxis hat diese Vorgehensweise noch einen weiteren Vorteil.

Nach jedem einzelnen Schritt können Sie überprüfen, ob die getroffene Entscheidung tatsächlich zielführend ist, und gegebenenfalls korrigierend eingreifen.

Vergessen Sie dabei aber niemals, dass jede Veränderung einer einmal festgelegten Strategie Ihnen eine neue Entscheidung abverlangt. Auch diese will durchdacht sein – mit allen Konsequenzen.

Machen Sie aber umgekehrt auch niemals den Fehler, in einem Kampf die vorher festgelegte Taktik zu ändern oder gar zu versuchen, eine Abkürzung zu nehmen, nur weil alles gut aussieht.

In Shaolin sagt man: »Im Beet des Erfolges blüht die Verwegenheit.« Jeder zuvor angedachte Schritt bleibt notwendig und sinnvoll, auch wenn Sie in der Freude über Ihren Erfolg meinen, den Weg verkürzen zu können.

Erinnern Sie sich daran, wie gefährlich es sein kann, sich durch Emotionen beeinflussen zu lassen? Auch Freude gehört dazu.

Drücke dich nicht

Mir bleibt zum Schluss noch eines: Ich möchte Sie eindringlich davor warnen, Entscheidungen zu delegieren, die eigentlich Sie selbst zu treffen und am Ende auch zu verantworten haben.

Wälzen Sie solche Entscheidungen niemals auf andere ab.

Auch wenn es sich hierbei um eine erstaunlich weit verbreitete Praxis handelt, die in vielen Spielarten auftritt. Am häufigsten anzutreffen ist sie in Form der beliebten Aussage: »Ich würde es zwar anders machen, aber wenn du meinst, dann mache ich es so, wie du denkst!« Vermeiden Sie, sich zu überlegen, was ein anderer vermutlich meint. Sie bemänteln damit nur die Tatsache, dass Sie sich vor der Entscheidung drücken wollen. Auch viele Führungskräfte überlassen wichtige Entscheidungen gerne ihren Mitarbeitern. Doch warum sollten diese besser entscheiden?

In Shaolin erzählt man sich folgende Geschichte: Ein Mönch hatte überall nach Erleuchtung gesucht, aber nirgends eine Antwort gefunden. Eines Tages sah er einen alten Mann, der einen schweren Sack geschultert hatte, langsam einen Bergpfad herabkommen. Der Mönch wusste augenblicklich, dass dieser alte Mann das Geheimnis kannte, nach dem er so viele Jahre verzweifelt gesucht hatte. »Alter, sage mir bitte, was du weißt. Was ist Erleuchtung?« Der alte Mann blickte ihn lächelnd an, dann ließ er seine schwere Last von der Schulter gleiten und richtete sich auf. »Ja, ich sehe!«, rief der Mönch. »Meinen ewigen Dank! Aber bitte erlaube mir noch eine Frage: Was kommt nach der Erleuchtung?« Abermals lächelte der Mann, bückte

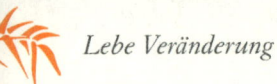

sich und hob seinen schweren Sack wieder auf. Er legte ihn sich auf die Schulter, rückte die Last zurecht und ging seines Weges.

Der Sack der Entscheidung ist und bleibt schwer.
Sie können sich nicht einfach aus der Verantwortung stehlen.

Wenn etwas schiefgeht, können Sie vielleicht einen Schuldigen vorschieben. Doch den Schaden haben in jedem Fall Sie. Gleichgültig nämlich, warum Sie meinen, jemand anderer sei mehr befähigt, die Entscheidung für Sie zu treffen als Sie selbst: Es ist und bleibt im Endeffekt Ihr Problem. Vor Entscheidungen kann man sich nicht drücken, aber mit Entschlusskraft und aufgeteilt in einzelne kleine Teilentscheidungen vermögen auch Sie, Ihre Entschlüsse umzusetzen. Auch beim Entscheiden müssen wir uns schließlich selbst Mühe geben. Die Erwachten weisen uns, wenn überhaupt, nur den Weg.

ÜBUNGEN

Wann haben Sie das letzte Mal ganz knapp vor dem Ziel
aufgegeben? Warum?

....

Womit kann man Sie am effizientesten daran hindern, eine
getroffene Entscheidung auch umzusetzen?

....

Muss man jeden Weg zu Ende gehen?

....

Wen lassen Sie für sich entscheiden? Warum?

....

Ist man für einen schlechten Rat am Ende auch verantwortlich?

....

Ist es Ihnen wichtig, dass Menschen, die von Ihren Entscheidungen
gar nicht betroffen sind, auch damit einverstanden sind? Warum?

....

Gehört bewusstes Nicht-Tun zu Ihrem Handlungsrepertoire?

....

*Es ist besser, unvollkommene
Entscheidungen durchzuführen,
als beständig nach
vollkommenen Entscheidungen
zu suchen, die es
niemals geben wird.*

(Charles de Gaulle)

Epilog

Unser Entscheiden reicht weiter als unser Erkennen.

(Immanuel Kant)

Wir sind an unserem Ziel, und ich lasse Sie wieder alleine. Ich bedanke mich für die gemeinsame Zeit und hoffe, Ihnen hat das Lesen mindestens genauso viel Freude gemacht wie mir das Schreiben. Gute Entscheidungen zu treffen, so wissen Sie jetzt, ist eine Fähigkeit, über die auch Sie verfügen. Und da Ihnen jetzt bekannt ist, dass der Kampf ein Naturprinzip ist, mit dem alleinigen Ziel, eine Entscheidung herbeizuführen, sind Sie Ihrer Unbesiegbarkeit ein gutes Stück näher gekommen. »Es ist wichtig, dass wir jeden unserer Gedanken mit dem Auge der Achtsamkeit erfassen«, hat der Mönch Thich Nhat Hanh einmal gesagt. Das gilt ganz besonders dort, wo diese Gedanken die Kraft haben, unser Leben zu verändern. Entscheiden Sie also immer bewusst, ignorieren Sie Beeinflussung und bedenken Sie, dass das, worauf es wirklich ankommt, vom Verstand oft nicht erfassbar ist. Lassen Sie die Vergangenheit ruhen, entscheiden Sie selbst, um nicht fremdbestimmt zu werden, und machen Sie sich bewusst, dass ein Entschluss alleine noch keine Veränderung bewirkt. Wenn auch nicht immer alles auf Anhieb funktionieren und Ihnen manches gar unmöglich erscheinen wird: Glauben Sie an sich. Ich verspreche Ihnen, Sie schaffen alles, wenn Sie es nur wirklich wollen. Nehmen Sie Ihr Leben in die Hand

und vergessen Sie eines nicht: Wie es verlaufen wird, entscheiden in großen Teilen allein Sie selbst. Ich wünsche Ihnen dabei allen erdenklichen Erfolg.

Ihr Bernhard Moestl
Nha Trang, Vietnam, im Februar 2012

Wem ich danke sagen möchte

Wenn das Manuskript für ein Buch einmal abgeschlossen ist, steht ein Autor vor der schwierigen Entscheidung, jene Menschen auszuwählen, die er stellvertretend für alle, denen er für ihre Unterstützung danken möchte, in seine Danksagung aufnimmt.

Dieses Buch widme ich in Achtung und Freundschaft meinem Mentor und Lehrer, dem Reiseleiter Alexander Kriegelstein, der mir seit über 20 Jahren Ansporn und Unterstützung ist, immer noch besser zu werden.

Danke sagen möchte ich zuerst einmal jenen Menschen, die am Anfang meiner Liebe zu Shaolin gestanden sind und ohne die es keines meiner Bücher gäbe. Da wären: der Wiener Veranstaltungsmanager Herbert Fechter, der sehr vielen Menschen die Faszination für Shaolin nähergebracht hat; der Kulturmanager und -vermittler Jian Wang, der mir meinen ersten Aufenthalt in Shaolin ermöglicht hat; Shaolin-Mönch Meister Shi De Cheng, der mich während meines Aufenthalts im Kloster mit großer Geduld und Hingabe nicht nur mit den shaolinschen Kampftechniken, sondern auch der dahinterstehenden Philosophie vertraut gemacht hat; mein Senior-Partner Gerhard Conzelmann, Präsident des International Shaolin Institute, von dem der ursprüngliche Anstoß zu meinen Buchprojekten und der Kontakt zum Knaur Verlag kam; die Lektorin Bettina Huber, die sofort das Potential des Themas erkannt und gemeinsam mit mir vier erfolgreiche Bücher entwickelt und umgesetzt hat; und natürlich jener mir nicht namentlich bekannte Pilot der Olympic Airways, der in einer Sep-

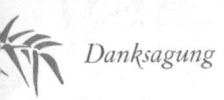

tembernacht des Jahres 1990 auf dem Rückflug von Australien mit den Worten »Auf der rechten Seite sehen Sie jetzt die Lichter von Kuala Lumpur« mein Interesse für Asien geweckt und damit den Ausschlag für die vielen Jahre Aufenthalt auf diesem wunderbaren Kontinent gegeben hat. Für das vorliegende Buch geht ein besonderes Danke an Flugkapitän Markus Gollner, dem ich faszinierende Einblicke in die Welt der professionellen Luftfahrt verdanke; an den Juristen und Magier Albert Klebel, von dem die Idee mit dem inneren Beobachter stammt; an meinen Vater, den Mathematiker Wolfgang Mœstl, der mir einen völlig neuen Blick auf das Thema Wahrscheinlichkeiten gegeben hat; sowie an Anh, Hong und ihre Kolleginnen vom Cafe Salut in Nha Trang, Vietnam, die mich mit dem besten Kaffee und den bestmöglichen Arbeitsbedingungen versorgt haben.

Weiters danke sagen möchte ich meinem Verleger Hans-Peter Übleis für die vielen Chancen und die wunderbare persönliche Betreuung, dem Programmleiter Sachbuch Stefan Ulrich Meyer für viele anregende Gespräche; meiner Lektorin, der Sinologin Caroline Draeger, die meinem Manuskript nicht nur Struktur gegeben hat, sondern mich auf manche Unklarheiten und Denkfehler aufmerksam gemacht und diese gemeinsam mit mir beseitigt hat; den Buchhändlern, die meine Bücher immer so schön plazieren, und natürlich allen, die sie gelesen und weiterempfohlen haben.

Ein ganz persönliches Danke sagen möchte ich meiner Großmutter Erika Mœstl, die mich gelehrt hat, worauf es im Leben wirklich ankommt; Heidi Mischinger, die mir in liebevoller Beharrlichkeit wieder und wieder geholfen hat, meine Meinungen und Entscheidungen gerade dort zu überdenken, wo ich keinerlei Notwendigkeit erkannt habe; Marianne Mohatschek, der ich einen achtsamen, freudvollen Zugang zu Blumen, Tieren und all den anderen Wesen der Natur verdanke; Irene Nemeth, die mir das brainworx-Logo und viele tolle Gestaltungen geschenkt hat; Daniela Seeling und Wolfgang Rada, die ohne Nachfrage immer da sind, wenn man sie braucht; Rainald Edel und Rolf Friesz, die mir in vielen Gesprächen zu neuen Einsichten verholfen haben; Kurt Bauer, der mich immer dabei unterstützt hat, meinen Weg zu gehen; Hussein Barghouty, dessen Wissen mir so viele Entscheidungen erleichtert hat, und dem Khao-San-Road-Musiker Adisak Rattanapol, den ich »John Deever« nenne, dessen unglaubliche Musik für mich der beste Grund ist, immer wieder nach Bangkok zu kommen. Danke euch allen. Schön, dass es euch gibt.

Bernhard Moestl

Shaolin – Du musst nicht kämpfen, um zu siegen!

Mit der Kraft des Denkens zu Ruhe,
Klarheit und innerer Stärke

Wie schön wäre es, eine Gehaltsforderung künftig entschlossen und souverän begründen zu können; in einem Streit gelassen zu bleiben und trotzdem die eigene Position überzeugend zu vertreten. Jeder Mensch verfügt über die innere Kraft dafür. Er muss sie nur aufspüren und sinnvoll einsetzen. Die wahren Meister in dieser Kunst sind die legendären Shaolin-Mönche. Sie verstehen es, mit Hilfe bestimmter Prinzipien die Kraft ihrer Gedanken so zu bündeln, dass sie jedes Ziel – ob mental oder körperlich – erreichen.
Der ehemalige Shaolin-Schüler Bernhard Moestl enthüllt in diesem Buch die zwölf wertvollsten Shaolin-Prinzipien. Er erklärt ihre praktische Bedeutung und Umsetzung im Alltag.

»Wer [...] einen Einblick in die faszinierende Denkweise der östlichen Philosophie erhalten und davon profitieren möchte, ist mit diesem interessanten Werk gut beraten.«
Managementbuch.de

Knaur Taschenbuch Verlag

Bernhard Moestl

Die Kunst, einen Drachen zu reiten

Erfolg ist das Ergebnis deines Denkens

Bernhard Moestl zeigt, wie wir mit Hilfe von 12 Strategien für ein neues Denken unseren inneren Drachen beherrschen können. Er gibt praktische Tipps, wie es uns gelingt, den Drachen zu reiten. Denn erst dann werden wir wirklich unangreifbar – weil der Drache nun seine Kraft für uns einsetzt und wir unser Leben selbst bestimmen.

Knaur Taschenbuch Verlag

Bernhard Moestl

Die 13 Siegel der Macht

Von der Kunst der guten Führung

Macht gilt als dunkles Phänomen. Wer sie anstrebt, setzt
sich dem Verdacht aus, sie missbrauchen und andere manipulieren zu wollen. Aber die Geschichte der Menschheit
zeigt: Macht ist als allgegenwärtiges Ordnungswerkzeug
der Natur eine ewig existierende Größe, jede Gesellschaft,
jedes Unternehmen, auch jede Familie benötigt Führung.
Bernhard Moestl, ein vorzüglicher Kenner der ostasiati-
schen Philosophie, nimmt sich des Themas mit der ruhigen
Klarheit chinesischer Weisheit an. Er zeigt, wie Macht entsteht und warum ein bewusster und verantwortungsvoller
Umgang mit ihr der einzige Weg ist, sie auf Dauer zu behalten und mit Erfolg zu führen.

Knaur HC

Bernhard Moestl

Wer Grenzen zieht, kann Wege öffnen

Das Tao der Erziehung

»Kinder werden zu Tyrannen«, weil sie der Spiegel derer sind, die sie ins Leben begleiten. Dies ist für Bernhard Moestl der Ausgangspunkt einer spannenden Gedankenreise in die Welt der Erziehung. Für ihn haben Eltern die Funktion von Reiseleitern, die ihre Kinder ins Leben begleiten. Sie sollten sich für ihre Aufgabe wappnen und selbst drei Wege beschreiten: Der erste Weg ist »der Weg zum Selbst«. Führungsstärke setzt die Fähigkeit zur Selbstführung voraus. Ohne Reflexion der eigenen Kindheit ist ein verantwortungsvolles Führen von Kindern nicht möglich. Der zweite Weg ist der »Weg zum Kind«. Es ist eine Kunst das eigene Kind mit Respekt zu behandeln, es aber auch in seine Grenzen zu weisen. An dritter Stelle steht der »Weg ins Leben«. Hier lernen Eltern, ihr Kind loszulassen, sie gewinnen die Erkenntnis, dass Kinder sich in ihrer Welt selbständig bewegen müssen, auch in Krisensituationen. Wenn Erziehende diese drei Wege beschritten haben, werden aus Kindern glückliche Menschen und später auch gute Eltern.

Knaur HC